JN132623

もくじ

「ビジネス基礎」
重要用語一問一答アプリは
こちらからアクセス

本書の使い方

●時事テーマ問題
近年話題になった時事や注目されている時事をテーマにした設問です。

●重要用語の確認
科目「ビジネス基礎」の指導項目に対応した重要用語を確認する設問です。

●模擬試験問題
検定試験と同じ形式の模擬試験問題です。

●検定試験問題
実際に行われた，直近2年間の検定試験問題です。

◆解答・解説(別冊)
本書に掲載した問題の解答・解説とともに，出題テーマとPointについてまとめています。

過去の検定試験問題
の解説と学びの記録
シートはこちらから
ダウンロード

模擬試験問題の内容・構成

模擬試験問題の内容・構成は，下記の項目別出題基準に従いました。

(1)商業の学習とビジネス 　(2)〜(5)に含める

(2)ビジネスに対する心構え 　　　　　5問

(3)経済と流通 　　　　　　　　　　20問

(4)取引とビジネス計算 　　　　　　15問

(5)企業活動 　　　　　　　　　　　10問

(6)身近な地域のビジネス 　(2)〜(5)に含める

※形式別の出題内容は以下の通りとする。
　直接解答型20問(4題×5問)，本文参照型30問
※直接解答型の出題形式は以下の4種類とする。
　①関連事項の結合問題
　②一定条件による細目分類問題
　③解答群つきの空欄補充問題
　④下線部の正誤判定・訂正問題

① 次の文章を読み，問いに答えなさい。

2022年9月ごろより，全国各地の電力会社が電気料金の値上げを決定した。この値上げの主な原因は，ウクライナ情勢の影響などによる石炭や液化天然ガスの輸入価格高騰によって，その時々の平均燃料価格により毎月変動する調整額（燃料費調整額）が値上がりしたためである。

わが国は，エネルギー資源の多くを輸入に頼っている。そのため，このような外国からの影響を受けやすい。これらを回避するために，化石燃料に代わる(a)太陽光や風力などといった，利用する以上の速度で自然によって補充されるエネルギーの開発や，エネルギー使用の効率化が求められている。

ところで，エネルギー資源はどのようにしてわが国に輸入されてくるのだろうか。一例として，石油についてみよう。石油のもととなる原油の約9割は，サウジアラビアやアラブ首長国連邦などの中東諸国から大型タンカーで往復45日程度かけて運ばれてくる。発電所で使われる石油は，その後国内を行き来する内航タンカーによって，発電所のタンクまで運ばれているのである。石炭や液化天然ガスについても，石油におけるタンカーのように，それぞれ(b)専用の船で外国から輸送されている。

このように，国内でエネルギーを安定して使えるようにするためには，外国からの(c)船舶輸送の役割が必要不可欠となっている。

問1．下線部(a)を何というか，漢字4文字を補って正しい用語を完成させなさい。

問2．下線部(b)のような，不定期船のことを何というか。次のなかから適切なものを一つ選びなさい。
ア．ライナー　　イ．トランパー　　ウ．フレイター

問3．下線部(c)の説明について，次のなかから最も適切なものを一つ選びなさい。
ア．機動性に優れるために，小口の輸送や，戸口から戸口への輸送に便利である。
イ．海外との取引に関わる輸出入の輸送を担い，鮮度が重視される貨物の輸送に適している。
ウ．運べるものの大きさや重量が制限されにくく，大量に安く輸送することができる。

●解答欄

問1				問2	問3
			エネルギー		

2　次の文章を読み，問いに答えなさい。

　A社は，2021年７月から相乗り交通サービス「X」を提供している事業者である。「X」は，タクシーとバスの特徴を合わせたようなサービスで，人の移動にワゴン車を用いる。
　「X」の利用方法は次の通りである。まず半径約２キロ程度の運行エリアのなかに多数の仮想のバス停を設定し，乗客は，スマートフォンのアプリから乗り降りしたい地点を自由に選んで決める。その後，乗車地点にワゴン車が乗客を迎えに行き，ほかの乗客と相乗りしながら，それぞれの降車地点まで移動できるようにするというしくみである。
　運行車両に決まったルートやダイヤはなく，予約状況に応じてＡＩによるアルゴリズムがルートを設定している。運賃は１乗車300円であるが，(a)30日間5,000円の定額料金で乗り放題というプランも選ぶことができる。新規拡大検討中エリアが全国各地にあり，大都市の中心部に限らず，郊外のニュータウン，公共交通の維持が課題となっている地方都市，観光需要を見込む島しょ部など，さまざまな状況の地域が含まれている。
　千葉県では，ショッピングモールへの送迎手段として，(b)「まちにおける新たな価値の創出」を目指す小売店と，「まちの賑わいを創出する」ことを目指すB社が協力する体制が検討されている。また，安全に子どもを送り迎えする手段として，英会話教室とも提携が目指されている。
　これらのサービスは自動車を運転できない子どもやお年寄りなどを含む交通弱者と呼ばれる人々にとって，大いに役に立つものであるといえるだろう。また同時に，(c)利用者がどのように行動しているかといった情報を入手することも可能となる。これらの情報を活用することでさらなるビジネスにつなげることができるだろうと考えられている。

問１．下線部(a)のようなビジネス・モデルを何というか，カタカナ９文字で正しい用語を記入しなさい。

問２．下線部(b)のように地域の活性化を目指すことを何というか。次のなかから正しいものを一つ選びなさい。
　ア．リノベーション　　イ．地方創生　　ウ．DMO

問３．下線部(c)のような膨大な情報のことを何というか。次のなかから正しいものを一つ選びなさい。
　ア．フェイクニュース　　イ．シェアリング・エコノミー　　ウ．ビッグデータ

●解答欄

問1								問2	問3

重要用語の確認 420語

「ビジネス基礎」
重要用語一問一答アプリは
こちらからアクセス

❶商業の学習とビジネス

1	新しい技術やアイディアを生み出す力を何というか。	
2	家計が行う，商品を購入して使用する活動を何というか。	
3	もの(有形財)とサービス(無形財)に分けることができる，お金を使った取引の対象となるものを何というか。	
4	商品をつくる活動のことを何というか。	
5	もの，サービスが生産，流通，消費されるまでの過程で，企業や個人が利益の獲得を目指して行う活動のことを何というか。	
6	生産者から消費者へ商品を届ける活動のことを何というか。	
7	お金を使った取引の対象となる商品のうち，形がある有形財のことを何というか。	
8	お金を使った取引の対象となる商品のうち，形がなく，ほかの人に何かをしてもらうことが中心となることを何というか。	
9	産業の分類のうち，農業や漁業など自然から直接資源を採取する産業を何というか。	
10	産業の分類のうち，製造業など資源を加工してものの生産を行う産業を何というか。	
11	産業の分類のうち，サービス業などが含まれる，第一次産業にも第二次産業にも分類されない産業を何というか。	
12	インフラストラクチャーの略で，生活や経済活動を支える基盤となるものを何というか。	
13	必要だと思ったり，欲しいと思ったりする気持ちのことを何というか。	
14	情報通信技術のことを，英語の頭文字を取って何というか。	
15	経済の発展にともない，第一次産業から第二次産業，第三次産業へと産業の中心が変化していくことを何というか。	
16	産業構造の高度化が進み，第三次産業が占める市場規模や就業者数の割合がほかの産業に比べて大きくなることを何というか。	
17	ものとインターネットがつながり，ものどうしも接続されるしくみのことを何というか。	
18	情報の安全性を維持することを何というか。	
19	情報倫理ともいい，情報を扱ううえで守らなくてはならない基準を何というか。	
20	情報を上手に活用するために必要な知識や技術のことを何というか。	
21	狩猟社会，農耕社会，工業社会，情報社会に続く人類史上5番目の新たな社会として日本政府が提唱したものを何というか。	
22	海外からの訪日旅行を何というか。	
23	ソーシャル・ネットワーキング・サービスの略で，人と人とを結びつけるコミュニティ型のコミュニケーション・サービスのことを何というか。	

24	人，商品，お金，情報が国境を意識せずに地球上のどこでも自由に行き来するようになることを何というか。	
25	映画やアニメなどに登場した舞台に実際に訪れる観光のことを何というか。	
26	ビジネスにおいて，それぞれの国の文化や習慣に適切に対応することを何というか。	
27	バイオマスや地熱，風力，太陽光などがある，人間が利用する以上の速度で，自然界によって再生されるエネルギーを何というか。	
28	地球温暖化の原因となる温室効果ガスの排出を抑えた社会を何というか。	
29	生産過程で新たに加えられた付加価値の高い商品のことを何というか。	
30	人口に占める子どもの割合が減少し，高齢者の割合が増加する現象を何というか。	
31	社会的に弱いとされる立場の人が，ほかの人たちと同じように生活できるようにすることを何というか。	
32	社会のあらゆる人々が充足や安心を感じられるようにすることを何というか。	
33	年齢や性別，障がいの有無，言語，国籍などにかかわらず，すべての人にとって使いやすいデザインのことを何というか。	
34	2015年の国連サミットで採択された持続可能な開発目標のことを何というか。	

❷ビジネスに対する心構え

35	法律や法律を支える道徳的原理に基づこうとする精神を何というか。	
36	情報，意味，感情をたがいに共有することで成立する，人間関係を良好に保つために必要なものを何というか。	
37	昼食時の会話など，非公式な場面で行われるコミュニケーションのことを何というか。	
38	印刷物，機器，電波などのメディアを通じて間接的に行うコミュニケーションのことを何というか。	
39	人と人とが面と向かい直接的に行うコミュニケーションのことを何というか。	
40	身ぶりや手ぶり，表情や態度など，非言語で行うコミュニケーションのことを何というか。	
41	会議，電子メール，印刷物など，言語により行うコミュニケーションのことを何というか。	
42	会社での会議や打ち合わせなどの公式な場面で行うコミュニケーションのことを何というか。	
43	What(何を)，When(いつ)，Where(どこで,どこへ)，Who(誰が)，Why(なぜ)，How(どのように)，How much(いくら)，How many(いくつ)という，要点をまとめる重要な要素を何というか。	
44	相手の話の要点を声に出して確認することを何というか。	
45	仕事の場面における共通の心がけや行動のことを何というか。	
46	コミュニケーションの始まりとして行われる，人と会ったときにする動作や言葉のことを何というか。	
47	廊下などですれ違うときや部屋の入退室，訪問先でお茶を出されたときなどにするお辞儀のことを何というか。	

48	お客の送迎や訪問先で挨拶をするときなどにするお辞儀を何というか。	
49	深い感謝や謝罪をするとき，式典や訪問先から退社するときなどにするお辞儀を何というか。	
50	相手に不快感を与えないように，自分の服装や髪形などの外見を整えることを何というか。	
51	相手に敬意を表す言葉遣いのことを何というか。	
52	相手の動作を高めることで敬意を表す敬語を何というか。	
53	自分や身内側の動作をへりくだって表現することで，間接的に相手を高め敬意を表す敬語のことを何というか。	
54	「です」「ます」をつけて丁寧に言うことで相手への敬意を表す敬語を何というか。	
55	一つの語に同じ種類の敬語を二重に使うことを何というか。	
56	「様」や「さん」，役職名など，相手に敬意を表す呼び方を何というか。	
57	相手に気を配り，必要なことに気づき，言葉に出して相手に伝えたり行動したりすることを何というか。	
58	名前や会社名，電話番号，メールアドレスなどのさまざまな情報が記されている重要なビジネスアイテムを何というか。	
59	特定の個人を識別できる情報のことを何というか。	
60	政府が外交・経済など各分野の現状を伝え，将来の政策を発表する報告書を何というか。	
61	インターネットで，キーワードやトピックなどを登録しておくと，最新記事が自動で収集され，過去にさかのぼって読むことができる機能を何というか。	
62	企業内に蓄積された，外部からは入手できない情報を何というか。	
63	形式が多種多様で膨大なデータの集まりを何というか。	

❸経済と流通

64	生産，流通，消費の一連のつながりのことを何というか。	
65	流通経路において，生産者と小売業の橋渡しをするビジネスを何というか。	
66	生産者や卸売業から商品を仕入れて，消費者に直接販売するビジネスを何というか。	
67	資金供給者から資金需要者に，資金を融通することを何というか。	
68	倉庫業がビジネスとして担う，商品を管理して置いておくことを何というか。	
69	さまざまなリスクに備え，経済的な不安を取り除くために，多数の人が協力し相互扶助を目的として生まれたものを何というか。	
70	運輸業がビジネスとして担う，商品を運ぶことを何というか。	
71	情報の収集や発信，システムの開発などのことを何というか。	

72	生産，流通，消費といった経済活動を行う主体を何というか。	
73	家庭を消費を行う経済主体としてとらえたものを何というか。	
74	主に生産，流通を行う経済主体を何というか。	
75	税金を徴収して公共サービスを提供する，国や地方公共団体を経済主体としてとらえたものを何というか。	
76	貿易などによるほかの国々との結びつきを含めた経済のことを何というか。	
77	経済のしくみを一つの国でとらえたものを何というか。	
78	生産に必要な土地，資本，労働力といった資源のことを何というか。	
79	工場や事務所を建てる土地や農地のほか，鉱物や水といった天然資源全般をさす言葉は何か。	
80	生産要素の一つで，商品の生産に用いられる工場，部品，機械，道具などを何というか。	
81	商品を生産するための従業員や企画立案者，経営者などの人材のことを何というか。	
82	私たちの欲求が無限であることに対して，生産要素や生産される商品が有限であることを何というか。	
83	選択肢が二つ以上あるときに，一つを選択したらほかの選択肢をあきらめなければならない状態を何というか。	
84	トレード・オフにおいて，選択しなかったためにあきらめなければならない価値のことを何というか。	
85	消費者などが商品を買おうとする気持ちを何というか。	
86	企業などが商品を売ろうとする気持ちのことを何というか。	
87	需要量と供給量が一致する価格を何というか。	
88	需要曲線と供給曲線が交わる点を何というか。	
89	生産者の売りたい価格と消費者の買いたい価格が異なることから生じる隔たりのことを何というか。	
90	生産地と消費地が異なることから生じる隔たりのことを何というか。	
91	生産の時期と消費の時期が異なることから生じる隔たりを何というか。	
92	生産者は消費者の欲しいものを把握しにくく，消費者は生産者がどのようなものをつくっているのかわからないために生じる隔たりを何というか。	
93	生産者と消費者が別々である場合に生じる隔たりを何というか。	
94	所有権を移動させることによって，人的隔たりの橋渡しをする活動を何というか。	
95	輸送によって空間的隔たりを，保管によって時間的隔たりをそれぞれ橋渡しをする活動を何というか。	
96	情報を移動させることによって，情報的隔たりと価値的隔たりの橋渡しをする活動を何というか。	
97	インターネットを通じた通信販売のことを何というか。	

98	生産者が流通業を通して間接的に消費者に商品を販売する流通経路を何というか。	
99	生産者が,流通業を通さずに消費者に直接商品を販売する流通経路を何というか。	
100	地域の農家が複数集まって,お客がたくさん集まる場所で即席の市場をつくって自家製の農産物を販売する取り組みを何というか。	
101	商品が生産されてから消費者に届くまでの道すじを何というか。	
102	企業などが業務上の目的で用いる商品を何というか。	
103	消費者が生活を営むうえで必要な商品を何というか。	
104	自社独自の商品を生産して販売まで手がける業態を何というか。	
105	低価格で購買頻度が多く,最寄の店舗で購入する商品を何というか。	
106	比較的高価格で,購買頻度が少なく,いくつかの店舗を回って比較して購入する商品のことを何というか。	
107	高価格で,購買頻度がきわめて少なく,時間や労力をおしまず特定の専門店をたずねて購入する商品を何というか。	
108	企業と消費者の取引を何というか。	
109	企業同士の取引を何というか。	
110	大手メーカーが商品企画をしてつくる商品を何というか。	
111	小売業が商品企画をしてつくる独自の商品を何というか。	
112	卸売業を通さず,生産者と小売業が直接取引することを何というか。	
113	いつ,どの商品が売れたのかといった販売情報を管理するシステムを何というか。	
114	ダウンロードすることで検索やゲーム,企業が提供するクーポン配信といったサービスが受けられるものを何というか。	
115	インターネットで商品を検索して実店舗で購入することを何というか。	
116	インターネットと実店舗を結びつけるために,インターネットでクーポンを配信して店舗に来てもらうような取り組みを何というか。	
117	小売業がすべての販売経路を統合して,消費者がいつでもどこでも商品を買えるようにするしくみのことを何というか。	
118	消費者が,店舗においては実物を確認するだけで購入せずに,インターネットで商品を注文する行動を何というか。	
119	第一次産業が,第二次産業と第三次産業のビジネスまでを手がける取り組みを何というか。	
120	原材料を仕入れて加工することで製品をつくるビジネスを何というか。	
121	ほかの商品との違いを明確にするための名前,図形,記号などの独自の印を何というか。	
122	従業員のやる気を高めサービスの質を高めるために,従業員も顧客と考える取り組みを何というか。	
123	ホスピタリティと似た意味をもつ,日本のサービス品質の高さを表す用語を何というか。	

124	洗濯や掃除，料理の支度などを代行してくれるサービスを何というか。	
125	個人や企業が保有する人や物，場所，スキルなどを，インターネットを使ってマッチングさせ，ほかの個人や企業も利用可能にする経済活動を何というか。	
126	製造業が，ものにサービスを付加して消費者に提供することを何というか。	
127	消費者に選択してもらえるように，独自の特徴で違いをつくることを何というか。	
128	小売業が複数の店舗を展開することを何というか。	
129	一つの企業が多数の店舗を設けて，商品の仕入れや広告などを本部でまとめて行い，仕入価格の引き下げや経費の節減を行うチェーン化の方式を何というか。	
130	加盟店が本部の商品を仕入れて販売する権利や，経営指導やノウハウの提供を受ける対価として支払うお金のことを何というか。	
131	独自の商品や販売方式などを開発した本部が加盟店を募集し，加盟店に対して商品の供給や販売方式の指導を行い，加盟店から一定の権利使用料（ロイヤリティ）を受け取るチェーン化の方式を何というか。	
132	フランチャイズチェーンにおける本部のことを何というか。	
133	フランチャイズチェーンにおける加盟店のことを何というか。	
134	独立した多数の小売業が，企業としての独自性を保ちつつ協力して組織したチェーン化の方式を何というか。	
135	比較的小規模で特定の種類の商品だけを品ぞろえしている業態のことを何というか。	
136	特定の分野にしぼった商品を豊富に取りそろえ，きわめて低い価格で販売する専門店を何というか。	
137	「何を売っているのか」を基準とする小売業の分類を何というか。	
138	「何をどのように売っているのか」を基準とする小売業の分類を何というか。	
139	取扱商品の種類をしぼり，専門性の高い品ぞろえを特徴とする業態を何というか。	
140	通信販売，訪問販売，自動販売機による販売など，店舗を用いない販売形態を何というか。	
141	自社独自の商品を生産して販売まで手がける業態である製造小売のうち，特に衣料品を中心としたものを何というか。	
142	店舗内で顧客と店員が一対一で応対する販売方法を何というか。	
143	百貨店やショッピングモール，鉄道の駅構内などのスペースを賃借して店舗を構え，営業する店のことを何というか。	
144	衣料品，服飾雑貨，食料品，ギフト用品など，幅広い商品を部門ごとに取り扱う，対面販売を中心とした大規模な業態を何というか。	
145	生鮮三品を中心に，食料品に特化した品ぞろえをする業態を何というか。	
146	青果，鮮魚，精肉のことを何というか。	
147	顧客が自ら会計まで商品を持って行く販売方式を何というか。	
148	買い物客が自分で商品をスキャンし，精算をするレジを何というか。	

149	日用品を総合的に取り扱う，セルフサービス方式を中心とした大規模な業態を何というか。	
150	注文すると店舗で売られている商品を店員が選び，家まで届けてくれる，インターネット上のスーパーマーケットを何というか。	
151	顧客情報が登録されたポイントカードや電子マネーを用い，「誰が，いつ，どの店舗で，その商品を，何と一緒に」購入したのかという情報を収集することができるPOSシステムを何というか。	
152	食料品や日用品などの生活必需品を取りそろえ，長時間営業や年中無休を特徴とする業態を何というか。	
153	100円や300円など，価格を均一にした品ぞろえをする業態を何というか。	
154	Do It Yourself の略で，日本語では日曜大工のことを何というか。	
155	家電製品などの耐久消費財や食品などを中心に，一般の店より大幅に安い金額で提供することを特徴とした業態を何というか。	
156	スーパーマーケットの品ぞろえと価格，コンビニエンスストアの利便性をあわせ持った業態を何というか。	
157	医薬品や化粧品を中心に，食料品や日用品を含む品ぞろえをしたセルフサービス方式を中心とする業態を何というか。	
158	日用品から住宅関連品，園芸用品まで幅広い品ぞろえをした大規模な店舗を構える業態を何というか。	
159	テレビ，雑誌，Webサイトなどで商品を宣伝し，郵便やインターネットなどの通信手段で注文を受ける業態を何というか。	
160	家庭や職場を販売員が訪れ，商品を説明して販売する業態を何というか。	
161	外国人観光客や国内旅行者への情報提供，地域の防犯や防災対策としても活用できる，FREE Wi-Fi設備をそなえた自動販売機を何というか。	
162	企業の在庫処分品を取り扱うアウトレットストアを集めた商業集積を何というか。	
163	ショッピングセンターにおいて，集客の中心的役割を担う店舗のことを何というか。	
164	近接した複数の小売店舗の集まりを何というか。	
165	駅前などの人通りが多い場所に自然発生的にできた商業集積を何というか。	
166	特定の開発業者（ディベロッパー）によって，計画的に建設，運営される商業集積を何というか。	
167	生活必需品から専門品まで，1店舗または1か所に立ち寄るだけで必要な買い物ができることを何というか。	
168	顧客が，買い物といった行動や従業員のサービスを通じて得る体験のことを何というか。	
169	食品スーパーとレストランを組み合わせた小売業の業態のことを何というか。	
170	卸売業が生産者と小売業の中間に入ることで，取引の総数を少なくすることを何というか。	
171	小売業にとって仕入れた商品が売れ残るかどうかの不確実なリスクを，卸売業が存在することで減少させることができるということを何というか。	
172	生産者から商品を仕入れ，小売業や別の卸売業に販売する卸売業のことを何というか。	
173	市場が少数の企業によって支配されるようになることを何というか。	

174	生産地の近くにあって，商品の収集機能を持つ卸売業を何というか。	
175	消費地の近くにあって，商品の分散機能を持つ卸売業を何というか。	
176	生産地と消費地の間にあって，商品の仲継機能を持つ卸売業を何というか。	
177	別の卸売業から商品を仕入れ，小売業やさらに別の卸売業に販売する卸売業を何というか。	
178	情報化によって，荷物の入出庫情報や在庫の管理を行うことを何というか。	
179	倉庫から外へ，外から倉庫へと，荷物を運搬する活動を何というか。	
180	保護材などで商品を梱包する活動を何というか。	
181	商品の切断，混合，再包装，接着，組み立てなどをする活動を何というか。	
182	主に商品の輸送サービスを提供する業種を何というか。	
183	コンテナ輸送が中心である，安定性と安全性が高く中距離や内陸部への大量輸送に適した鉄道による輸送を何というか。	
184	特に海外との取引に関わる輸出入の輸送を担う，航空機による輸送を何というか。	
185	機動性にすぐれるため小口の輸送に便利な，自動車やトラックによる輸送を何というか。	
186	船舶による大規模な国内外の輸送を何というか。	
187	主に商品の保管サービスを提供する業種を何というか。	
188	石油やセメントなど大量の原材料を運ぶことに使用される，不定期船のことを何というか。	
189	一般貨物を運ぶ定期船のことを何というか。	
190	航空輸送において，貨物専用の航空機のことを何というか。	
191	商品を保管する施設を何というか。	
192	商品を預かることを業務とする企業が保有する倉庫を何というか。	
193	生産者や小売業，卸売業が自社で保有する倉庫を何というか。	
194	複数の異なった輸送機関が協同して行う複合一貫輸送のうち，船舶と航空機を結んだものを何というか。	
195	配送センターとも呼ばれる，物流の拠点として運営している施設を何というか。	
196	複数の異なった輸送機関が協同して行う複合一貫輸送のうち，コンテナ貨物のトラックと鉄道を結んだものを何というか。	
197	自動車で行われている輸送を，環境負荷が小さく輸送効率の高い船舶，鉄道での輸送に一部変更しようとする取り組みを何というか。	
198	原材料や部品の調達から，開発，製造，配送，販売までの業務を一貫した流れとして全体を管理する考え方を何というか。	
199	物流のさまざまな機能を全体としてまとめて管理する考え方を何というか。	

200	資金を融通する金融をサービスとして提供する事業を何というか。	
201	資金供給者から資金需要者への融通が間接的に結びついている金融のことを何というか。	
202	資金供給者から資金需要者への融通が直接結びついている金融のことを何というか。	
203	家計や企業などの余裕資金を預かり，一定の利息を預金者に支払う業務を何というか。	
204	資金を必要としている家計や企業に資金を融通して，一定の利息を受け取る業務を何というか。	
205	企業と企業の間，または企業と家計の間などの資金のやりとりを仲介する業務を何というか。	
206	主に預金業務，貸出業務，為替業務などを行い，株式会社の形態をとる金融機関を何というか。	
207	銀行法によって定められている，銀行が行う本来の業務である預金業務，貸出業務，為替業務のことを何というか。	
208	定期預金のように一定期間は原則として引き出すことのできない預金のことを何というか。	
209	普通預金や当座預金のようにいつでも引き出しができる預金を何というか。	
210	借り手と借用証書を交わして資金を貸し付けることを何というか。	
211	借り手に手形を振り出させ，その手形の金額と同額の資金を貸し付ける貸し付けの方法を何というか。	
212	当座預金の残高を超えてあらかじめ契約した限度額までの小切手の振り出しを認める貸し付けを何というか。	
213	株式や債券などの財産的価値のある権利を表す証券のことを何というか。	
214	主に委託売買業務や自己売買業務，引受業務，募集売り出し業務などの直接金融を行う金融機関を何というか。	
215	公保険ともいわれ，公的医療保険や雇用保険などの社会保険などがある保険を何というか。	
216	民間の保険会社が扱う保険のことを何というか。	
217	主に人の生死を保険の対象とした保険を何というか。	
218	お互いに助け合うという意味の言葉を何というか。	
219	火災保険や自動車保険が含まれる，財産を対象とした保険を何というか。	
220	保険の対象となる者，または対象となる財産を持つ者を何というか。	
221	保険契約者に保険事故(損害)が発生したときに支払われるお金を何というか。	
222	保険者と保険契約を結び，保険料を支払う者を何というか。	
223	保険事業を営む者を何というか。実際には保険会社がこれに該当する。	
224	保険契約者が準備金(共同の資産)として積み立てるお金を何というか。	
225	金融とIT技術を合わせた造語で，「新しい金融サービスを創出するIT技術」や，「IT技術を駆使した金融サービス」のことを何というか。	

226	デジタル技術が人々の生活にさまざまな影響を与えることを表した言葉を何というか。	
227	インターネット通信のサービスを提供する企業を何というか。	
228	日本では日本放送協会(NHK)が提供している，主に視聴者から支払われる受信料によって運営される放送事業を何というか。	
229	広告主から支払われる広告料などによって運営される放送事業を何というか。	
230	ソフトウェアをパッケージではなくクラウドでダウンロードできるようにし，必要なときに必要な分だけ利用できるようにしたサービスの提供方法を何というか。	
231	人間の知的活動をコンピュータによって同じように行わせるための技術を何というか。	
232	インターネットと接続されていて，スマートフォンで操作できる家電を何というか。	

❹取引とビジネス計算

233	受け取った手形を満期日前に銀行などで割り引いて現金化することを何というか。	
234	売買取引において，売り手と買い手の間で交わされる売買に関する約束を何というか。	
235	売買に関する約束を結ぶことを何というか。	
236	売買に関する約束を実行することを何というか。	
237	事業者が自己の商品であることを示すために使用する標識を何というか。	
238	その商品について一定の品質が社会的に認められたことを示す通り名で，産地名や生産者名，品種名などによって示されるものを何というか。	
239	外国との取引において，船積み港で商品を本船に積み込むまでにかかるトラック運賃などの費用を売り手が負担する価格のことを何というか。	
240	外国との取引において，本船渡し価格に海上運賃や海上保険料を加えた価格を何というか。	
241	慣習的な取引単位を何というか。	
242	建に対する価格を何というか。	
243	グラム，メートル，リットルなどの計量単位のことを何というか。	
244	契約に先立って販売価格など取引条件の大体の計算をすることを何というか。	
245	売買契約において，買い手が売り手に販売価格などの取引条件を問い合わせる際に作成する書類を何というか。	
246	買い手からの見積依頼に対して売り手が作成する，販売価格などの取引条件を記載した書類を何というか。	
247	注文の意思を売り手に伝える書類を何というか。	
248	注文を請け負ったことを買い手に伝える書類を何というか。	
249	商品が到着したときに，注文書の控えと商品および納品書を照合し，商品の品質や数量が注文通りであるか，また破損や汚れがないか点検することを何というか。	

250	商品と同時に発送する，買い手に商品の明細を記載した書類を何というか。	
251	売買契約において，届いた商品に間違いがなければ買い手が作成し売り手に送付する，商品受取書とも呼ばれる書類を何というか。	
252	売買契約に従って買い手に商品代金の支払いを求める書類を何というか。	
253	商品代金の入金を確認した売り手が，買い手に対して発行する書類を何というか。	
254	支払い手段として，日本国内であれば，いつでもいくらでも使用できるという意味の言葉を何というか。	
255	紙幣や貨幣のことを何というか。	
256	銀行などに当座預金をしている人が，その銀行などに対して，持参した人に示された金額を自分の当座預金口座から支払うよう委託する証券を何というか。	
257	当座預金の残高が不足しているため，支払銀行が支払いを拒絶することを何というか。	
258	不正な換金を防ぐために，表面に2本の線を引いた小切手を何というか。	
259	小切手の表面に2本の平行線を引き，その中に特定の銀行名を記入した小切手を何というか。	
260	前もって銀行に現金を預け，それをもとにして銀行が振出人となる小切手を何というか。	
261	小切手などの証書で，特定の者を権利者として指定せず，それを持参した人に支払うことを何というか。	
262	振出人が受取人に，一定の期日に一定の代金を支払うことを約束した証券を何というか。	
263	手形を他人に譲渡するために，手形の裏面に必要事項を記入したりする手続きを何というか。	
264	振出人が名宛人に対して，一定期日に一定金額を受取人に支払うように委託する証券のことを何というか。	
265	相手の預金口座にお金を払い込む方法を何というか。	
266	同一銀行，同一支店内の預金口座の資金移動のことを何というか。	
267	クレジットカードや電子マネー，コード決済などによる，現金通貨を使わない決済のことを何というか。	
268	専用のアプリをスマートフォンにインストールするなど一定の操作を事前に行いスマートフォンに電子マネーと同じような機能を持たせ，QRコードやバーコードを読み取る決済方法を何というか。	
269	カードやスマートフォンなどにチャージしてある電子化されたお金のことを何というか。	
270	およその数を何というか。	
271	およその数を計算して概数を求めることを何というか。	
272	概算をするとき，四捨五入や切り捨て，切り上げなどあらかじめ定められた位までの数字にまとめることを何というか。	
273	二つの量を比較するとき，基準となる量を何というか。	
274	二つの量を比較するとき，比較される量を何というか。	

275	二つの量を比較するときに，比較される量を基準となる量で割った比率を何というか。	
276	基準となる量にある割合の量を加えることを何というか。	
277	基準量からある割合の量を引くことを何というか。	
278	実際に商品を売買するときの代金のことを何というか。	
279	商品を仕入れたときの金額に仕入諸掛を加えた金額を何というか。	
280	商品を仕入れるときにかかる，引取運賃や倉庫料などの諸経費のことを何というか。	
281	予定している利益額のことを何というか。	
282	仕入原価に見込利益額を加えることを何というか。	
283	見込利益額の仕入原価に対する割合を何というか。	
284	仕入原価に見込利益額を加えた金額を何というか。	
285	予定売価から値引きした後の売価を何というか。	
286	予定売価に対する値引きの割合を何というか。	
287	商品を販売したとき，実売価と仕入原価との差額がマイナスのとき，この差額を何というか。	
288	商品を販売し損失になったとき，仕入原価に対する損失額の割合を何というか。	
289	商品を販売したとき，実売価と仕入原価との差額がプラスとなった場合，この差額を何というか。	
290	商品を販売し利益になったとき，仕入原価に対する利益額の割合を何というか。	
291	ある度量衡の単位や通貨の単位で表した数量を，別の単位の数量に計算し直すことを何というか。	
292	換算された数のことを何というか。	
293	換算において，一方の単位の1単位に対するもう一方の単位の量を示したものを何というか。	
294	換算において，換算される数を何というか。	
295	外国との売買取引を行うとき，外国の通貨を自国の通貨に換算したり，自国の通貨を外国の通貨に換算したりすることを何というか。	
296	元本ともいう，貸借される金額のことを何というか。	
297	預け入れた元金に対してのみ利息が計算される利息のつき方を何というか。	
298	一定期間ごとに支払われる利息を元金に加えて，これを新しい元金とみなして利息が計算される利息のつき方を何というか。	
299	複利法で計算したときの，期間の終わる日における元利合計を何というか。	
300	利息の日数計算で，貸借期間の初日または最終日の一方のみを日数に入れる方法を何というか。	

301	利息の日数計算で，貸借期間の初日と最終日の両方ともを日数に入れる方法を何というか。	
302	手形金額から割引料を差し引いた金額を何というか。	
303	手形割引において，割引日から手形の満期日までの日数を何というか。	
304	手形割引において，割引日から手形の満期日までの日数に応じて発生する利息を何というか。	
305	最終期末における積立金(年金)の合計額を何というか。	
306	株式売買において，取引が成立した1株あたりの金額を何というか。	
307	株式売買において，購入する株数に約定値段を乗じた金額を何というか。	
308	株式売買をする場合に指定する，希望の株価のことを何というか。	
309	株式に投資した金額に対する予想配当金の割合を何というか。	
310	公社債などが利払日と利払日の途中で売買された場合に考慮する，前回の利払日から売買日までの利子を何というか。	
311	定期的に利息が支払われる債券を何というか。	
312	元金の貸し付けに対する報酬として支払われる金額を何というか。	

❺企業活動

313	人をまとめたり，組織を先導して部下がついてくるようにしたりする影響力を何というか。	
314	ものやサービスを生産したり提供したりすることを通じて，利益の獲得を目指す団体を何というか。	
315	新しい技術やアイディアで価値を創造する革新のことを何というか。	
316	新しい企業や新しいビジネスを創造する意欲のことを何というか。	
317	ヒト，モノ，カネ，情報の四つに分類される，企業を経営するために必要となる資源のことを何というか。	
318	経営資源の一つで，従業員を雇用する，原材料を仕入れる，機械を購入するなど，さまざまな場面で必要となる，企業が活動するための資金を何というか。	
319	経営資源の一つである人材のことを何というか。	
320	経営資源の一つである，製品やサービスを生産するために必要な原材料や設備，機械などを何というか。	
321	株式会社が経営に必要な資金を広く獲得するために出資者に発行するものを何というか。	
322	株式を保有している出資者のことを何というか。	
323	株式会社の最高の意思決定機関を何というか。	
324	法人を設立する際に必須となる事業目的などの事項を記載したものを何というか。	

325	業務執行の方針を決定し，その執行を監督する機関を何というか。	
326	企業が持つべき良心や誠実さのことを何というか。	
327	企業の経営がきちんとされているかを取締役会や株主などがチェックするしくみのことを何というか。	
328	製造，営業，研究開発といった，仕事の内容で分けられた組織を何というか。	
329	生産している製品やサービス，地域などで分けられた組織を何というか。	
330	企業の基本的な活動方針のことを何というか。	
331	給与が上がる，賞をもらうといったように外部から報酬をもらうことによって高まるモチベーションのことを何というか。	
332	外部からの報酬に頼らず，内部からわき上がってくるモチベーションのことを何というか。	
333	やる気のことを何というか。	
334	定額制で使い放題というサービスを提供するビジネス・モデルを何というか。	
335	仕事を適切に進めるために，計画，実行，評価，改善をくり返すことを何というか。	
336	収益を持続的に得るためのビジネスのしくみを何というか。	
337	企業が発行し，それを購入した人が払い込んだ金銭が資金となる債券を何というか。	
338	主に貸借対照表や損益計算書などのことで，企業の財務状況を関係者に報告するために作成する書類を何というか。	
339	株式や通貨など従来からある多数の金融商品をもとに，新たにつくり出された金融商品のことを何というか。	
340	性別や国籍，雇用形態などの異なるさまざまな人々がいる多様な状況のことを何というか。	
341	一人ひとりが意欲を持って働きながら，同時に豊かな生活も送れるようにしようという考え方を何というか。	
342	仕入れた原材料や商品を加工したりサービスを加えたりすることで付け加えられる新たな価値のことを何というか。	
343	企業を運営することを何というか。	
344	利益の獲得を目指して活動する私企業を何というか。	
345	経営に必要な資金を，株式を発行して出資を得る企業を何というか。	
346	業務執行や会計処理が適切に行われているかをチェックする機関を何というか。	
347	国立印刷局や造幣局，UR都市機構，地方交通などがある，国や地方自治体が出資し経営する企業のことを何というか。	
348	日本銀行や日本電信株式会社(NTT)などがある，国や地方自治体と民間が合同で出資して設立する企業を何というか。	
349	個人や民間の組織が出資して経営する企業を何というか。	
350	法律によって人とみなされ，集団としての権利や義務を持つことができる集団を何というか。	

351	個人や小規模な事業者が，相互扶助の精神で営利を目的としない事業を行う企業のことを何というか。	
352	1人以上の無限責任社員と1人以上の有限責任社員により設立が可能な持分会社を何というか。	
353	少数の有限責任社員により設立される持分会社を何というか。	
354	1名以上の少数の無限責任の出資者により設立される持分会社を何というか。	
355	取締役会から委託されて，経営や事業の執行をする役員のことを何というか。	
356	会社の規模が大きくなるにつれ，株主と経営者が別々の人になることを何というか。	
357	倒産した場合に出資額だけでなく事業に関係のない私財を投げ出してまで責任を負うことを何というか。	
358	出資額を限度として責任を負うことを何というか。	
359	合名会社，合資会社，合同会社の総称である，株式会社に比べて設立の手続きが平易で，組織が簡素化でき，経営の自由度が高い利点を持つ会社を何というか。	
360	企業が法律や社会的な倫理，商慣習を守ることを何というか。	
361	生産規模が拡大すると，コストが安く抑えられることを何というか。	
362	自社の製品やサービスを顧客に買ってもらう努力を日々行い，似たようなものやサービスを生産，提供している企業と競い合いをすることを何というか。	
363	自社の強みを発揮したり，他社にはない独自性をつくったりすることで競争を有利に進めようと策定する経営戦略のことを何というか。	
364	すべての事業を組み合わせて全社での目標を達成するための戦略を何というか。	
365	日程管理や経営資源を適切な部署や時期に投入するなどして，プロジェクトを適切に管理することを何というか。	
366	顧客が感じる満足のことを何というか。	
367	製品やサービスが売れるしくみをつくることを何というか。	
368	マーケティングで検討される，製品，価格，流通，プロモーションという四つの要素の組み合わせを何というか。	
369	製品政策(Product)，価格政策(Price)，流通政策(Place)，プロモーション政策(Promotion)という四つの政策をまとめて何というか。	
370	チャネル政策ともいわれる，製品やサービスをどのように消費者まで届けるのか，どのお店で販売してもらうのかを決めることを何というか。	
371	事業に必要な資金を用意することを何というか。	
372	日常の業務に必要な資金を何というか。	
373	長期間にわたり利用する生産設備の購入に必要な資金を何というか。	
374	自分のアイディアや製品などをインターネット上に公開し，不特定多数の人から資金調達をする方法を何というか。	
375	証券取引所に自社の株式を上場し，誰でもその株式を売買できるようにすることを何というか。	
376	株主から受託した金銭などの管理・保全・運用の状況と結果を株主などに説明する会計責任のことで，広く説明責任という意味でも用いられる言葉を何というか。	

377	株主から受託した金銭などを適切に管理，保全，運用する責任を何というか。	
378	企業が調達した資金がどうなっているか，または，どうなったか，調達先に説明して安心させるという責任を何というか。	
379	資金調達後に負う，契約通りに返済，または償還する責任を何というか。	
380	企業の経営活動によって直接的・間接的に利益または損失を受ける集団のことを何というか。	
381	利害関係者の間の利害の対立を，財務諸表によってできるだけ解消させようという働きを何というか。	
382	消費税のように，税を納める人と税を負担する人が別の税金のことを何というか。	
383	法人税のように，税を納める法人と負担する法人が同じである税金を何というか。	
384	ものの販売やサービスの提供に対して課される税金を何というか。	
385	法人の一事業年度における事業活動により生じた利益に課される国税を何というか。	
386	約50種類ある税金のうち，地方公共団体に納める税金を何というか。	
387	約50種類ある税金のうち，国に納める税金を何というか。	
388	納税者が所得の金額と税額を自分で計算して申告し，納税する方式を何というか。	
389	地方公共団体が課税額などを納税者に通知し，その通知に従って納税する方式を何というか。	
390	働く意欲と能力がある15歳以上の人口に占める完全失業者の割合のことを何というか。	
391	従業員が労働力を提供する代わりに企業が賃金を支払うことで成立する取引を何というか。	
392	総人口における65歳以上の人口の割合が21％を超えた社会のことを何というか。	
393	従業員が労働力を提供する代わりに企業が支払うお金のことを何というか。	
394	一度採用した正社員を定年まで雇用する形態を何というか。	
395	業務上の役割を果たす能力のことを何というか。	
396	雇用契約の期間の定めがなく働く労働者のことを何というか。	
397	勤続年数，年齢などに応じて賃金を上昇させる制度を何というか。	
398	年齢や勤続年数ではなく，仕事の成果や業績に基づいて社員の給与を決める制度を何というか。	
399	職務によって賃金を決定する制度を何というか。	
400	日本では収益改善のための合理化策をさすことが多い，事業の再構築のことを何というか。	
401	2020年4月1日施行のパートタイム・有期雇用労働法によって定められた，合理的な理由がない場合は，正社員と非正規雇用労働者で給与などに差をつけることを禁止したことを何というか。	

402	労働条件の維持，改善を目指して，労働者が組織する団体を何というか。	
403	期間を定めた雇用契約を企業と結び，業務に従事する労働者のことを何というか。	
404	契約社員，アルバイト・パートタイム労働者，派遣社員など，期間を限定した雇用形態を何というか。	
405	時間給制や日給制が多い，一週間の所定労働時間が正社員に比べて短い労働者のことを何というか。	
406	派遣会社と雇用契約を結び，派遣先企業に派遣されて働く労働者を何というか。	
407	従業員の総合福祉や労働意欲の向上のため，企業が従業員およびその家族に賃金とは別に行われる施策を何というか。	
408	会社に通わずに，ICTを利用した場所や時間にとらわれない働き方を何というか。	

❻身近な地域のビジネス

409	住まいの近くに買い物をする場所がなかったり，店に行く交通手段がなかったりするために，日常の買い物に大きな不便を感じている人々のことを何というか。	
410	一般の人が「運転手」に登録する，自家用車の「相乗り」サービスを何というか。	
411	地域独自の魅力を掘り起こし，内外の人に向けてわかりやすく伝える活動を何というか。	
412	国や地方自治体が，人々に地域での就業を斡旋するなどさまざまな取り組みを通じて地域の活性化を目指すことを何というか。	
413	訪日外国人観光客による日本国内での消費のことを何というか。	
414	観光地に数多くの観光客が押し寄せることで，地域住民の生活や自然環境などに悪影響がもたらされることを何というか。	
415	旅行者にとって魅力的な観光地をつくることを目的とした組織を何というか。	
416	単なる移動手段としてではなく，乗車すること自体を目的とした列車を何というか。	
417	特定の地域内に限って通用する通貨のことを何というか。	
418	地域住民が主体となり，地域が抱える課題をビジネスの考え方によって解決しようとする活動を何というか。	
419	伝統工芸品の産地や工業品の製造工場，産業遺産などを訪ねる観光を何というか。	
420	建物に大規模な増築や改装を施すことを何というか。	

第1回
商業経済検定模擬試験問題
［ビジネス基礎］

解答上の注意

1．この問題のページはp.22からp.35までです。
2．解答はすべて別紙解答用紙(p.117)に記入しなさい。
3．文字または数字で記入するもの以外はすべて記号で答えなさい。
4．計算用具などの持ち込みはできません。
5．制限時間は40分です。

1 次の(1)～(5)に最も関係の深いものを解答群から選びなさい。

(1) ものをつくる生産者とものを買って使う消費者が別々である場合に生じる隔たり。

(2) 生産地と消費地が異なることから生じる隔たり。

(3) 生産の時期と消費の時期が異なることから生じる隔たり。

(4) 生産者は消費者が欲しいものを把握しにくく，消費者は生産者がどのようなものをつくっているのかわからないために生じる隔たり。

(5) 生産者が売りたい価格と消費者が買いたい価格が異なるために生じる隔たり。

解答群
ア．情報的隔たり　　　イ．時間的隔たり　　　ウ．人的隔たり　　　エ．空間的隔たり
オ．価値的隔たり

2 次の(1)～(5)のうち，条件に当てはまるものにはAを，それ以外にはBを記入しなさい。ただし，すべてに同一の記号を記入した場合は5問全部を無効とします。

条件 物流の主な活動

(1) 情報検索サービスやインターネット通販，動画や音楽の配信を行う活動。

(2) 商品の切断，混合，再包装，接着，組み立てなどをする活動。

(3) 荷物の入出庫情報や，在庫の管理などを行う活動。

(4) 倉庫から外へ，外から倉庫へと荷物を運搬する活動。

(5) 生産者から商品を仕入れ，小売業者に販売する活動。

3 次の(1)～(5)の ☐ に当てはまるものを解答群から選びなさい。

　小売業を業態で分類すると，店舗を構える店舗販売と店舗を構えない無店舗販売に分類することができる。ここでは，店舗販売の小売業の種類をみてみよう。

　店舗販売の小売業として，鮮魚店や青果店のように比較的小規模で特定の種類の商品だけを品ぞろえしている業態である ☐(1)☐ や，取扱商品をしぼり，個性的な品ぞろえをするとともにその分野にくわしい知識をもった販売員が接客をする業態である ☐(2)☐ は以前より存在していた。明治時代に誕生したといわれる，衣料品，ギフト商品など幅広い商品を部門ごとに取り扱う対面販売を中心とした大規模な業態である ☐(3)☐ も，よく知られている。

　近年，新たな取り組みを行う小売業もみられる。青果，鮮魚，精肉を中心に，食料品に特化した品ぞろえをする ☐(4)☐ には，インターネットで注文すると家まで届けるサービスを行うところもある。また，商品を仕入れて販売するのではなく，自社独自の商品を生産して販売まで手掛ける ☐(5)☐ は，衣料品，家具・インテリア用品，生活雑貨店などさまざまな分野で増えている。

　今後も，新たな小売業が現れてくるだろう。これからの小売業の進展に期待したい。

解答群
ア．スーパーマーケット　　イ．製造小売　　ウ．百貨店　　エ．一般小売店　　オ．専門店

4 次の(1)～(5)について，下線部が正しい場合は○を記入し，誤っている場合は解答群から正しいものを選び記号で答えなさい。ただし，すべてに○を記入した場合は5問全部を無効とします。

(1)　船積み港で商品を本船に積み込むまでにかかるトラック運賃などの費用を売り手が負担する価格を，FOB価格という。

(2)　事業者が自己の商品であることを示すため，特許庁に登録することで登録者が独占的に使用できる標識を，銘柄という。

(3)　A社製のテレビが，年末特価で「通常小売価格から2割引の￥100,000」と表示されていたので，通常小売価格を計算してみると￥80,000であることが分かった。

(4)　日数が何日あるかを両端入れで計算すると，令和4年1月21日から令和4年1月28日までは7日となる。

(5)　B社は米国人の役員に対して米ドル建てで給与を支給することにしているため，今月の給与$10,000をアメリカ・ドルで支給したが，これは日本円に換算すると￥800,000となる。
　（ただし，「$1＝￥125」とし，手数料は考えない）

解答群
ア．商標　　イ．1,250,000　　ウ．CIF価格　　エ．125,000　　オ．8日

5 次の文章を読み，問いに答えなさい。

　実務販売株式会社営業部新入社員の片岡さんは，本日より電話応対するように指示された。そこで，片岡さんは研修で学んだ応対方法を確認した。研修担当から「自分の応対が会社の印象を左右することを意識してください。(a)相手の役に立つように気を配り，必要なことに気づき，言葉に出して相手に伝えたり，行動したりすることが大切です」と教えられたことを思い出した。重要な仕事であることを再認識し，(b)電話応対の準備を行い業務に取りかかった。以下は片岡さんが上司宛てにかかってきた電話に応対した際の竹下電機株式会社営業課の金田さんとの会話である。

片岡：「はい，実務販売営業部でございます」

金田：「竹下電機営業課の金田と申します。いつもお世話になっております」

片岡：「竹下電機の金田様でいらっしゃいますね。いつもお世話になっております」

金田：「当社の製品に関しお伝えしたいことがございます。課長の武井様をお願いいたします」

片岡：「申し訳ございません。あいにく 　　　　　 は外出しております。15時頃に戻る予定ですが，いかがいたしましょうか」

金田：「それでは，ご伝言をお願いできますでしょうか」

片岡：「かしこまりました。私，同じ課の片岡と申します。ご伝言内容をお受けいたします」

金田：「明後日，新製品の紹介で貴社に(c)行く時間ですが，10時の約束を11時に変更していただきたいとお伝えください」

片岡：「かしこまりました。それでは(d)復唱いたします」（復唱が終わると，最後に適切なあいさつをして受話器を置いた。）

その後，片岡さんは武井課長の机上に伝言メモを置き，課長が帰社した際に口頭でも報告した。

問1．下線部(a)を何というか。次のなかから正しいものを一つ選びなさい。
　ア．ホスピタリティ　　イ．リテラシー　　ウ．コンピテンシー

問2．本文の主旨から，下線部(b)の内容として，次のなかから最も適切なものを一つ選びなさい。
　ア．相手に自分の名前を覚えてもらうために，自分の名刺を準備した。
　イ．見た目の印象をよくするために服装や髪形などの外見を整えた。
　ウ．問い合わせや伝言に確実に対応するために，メモ用紙と筆記用具を用意した。

問3．本文中の 　　　　 に当てはまる呼び方として，次のなかから正しいものを一つ選びなさい。
　ア．課長の武井様　　イ．課長の武井　　ウ．武井さん

問4．下線部(c)の謙譲語の言葉づかいとして，次のなかから正しいものを一つ選びなさい。
　ア．いらっしゃる　　イ．伺う　　ウ．失礼する

問5．下線部(d)を行う目的として，次のなかから最も適切なものを一つ選びなさい。
　ア．話している相手が言っていることの要点が正しいかを確認するため。
　イ．話している相手と仕事だけでなくプライベートにおいても信頼関係を築くため。
　ウ．話している相手に最も聞き取りやすい声の大きさに調整するため。

6 次の文章を読み，問いに答えなさい。

　郊外を中心に衣料品チェーンストアを全国展開するＡ社は，202X年第２四半期の決算で売上高，営業利益，純利益において上期として過去最高の業績を収めた。その要因をみてみよう。

　衣料品は，(a)比較的高価で，購買頻度が少なく，いくつかの小売店を回って比較して購入する商品である。衣料品の購入には多額の出費がともなうため，比較的収入が少ない若い女性やファミリー層にとって家計への負担は大きい。Ａ社はこのような若い女性やファミリー層をターゲットとしている。Ａ社のバイヤーは「４つの悪」としている「返品」「赤黒伝票（伝票の書き換えで見かけの売上を計上する手法）」「（納品後の）追加値引」「（発注した商品を納品させない）未引取」の追放を公約し，アパレルメーカーとの信頼関係を深めている。そのため，Ａ社は若い女性やファミリー層が購入しやすい低価格で，さらに品質が良くバラエティーに富む商品を仕入れることができる。また，(b)Ａ社とアパレルメーカーが共同で企画・開発し，Ａ社のブランド名で販売している商品も人気である。

　Ａ社は，自社のオンラインストアを展開している。Ａ社はオンラインストアの運営において，顧客からの需要が見込めるインターネット通販限定商品を販売したり，インターネット通販で購入した商品の実店舗での受け取りを無料にしたりしている。Ａ社は(c)自社のオンラインストアの運営によるインターネット通販のメリットを活かし，今後のさらなる売り上げ増を目指している。

問１．下線部(a)を消費者の購買慣習から分類すると何というか，次のなかから適切なものを一つ選びなさい。

　ア．最寄品　　イ．買回品　　ウ．専門品

問２．本文の主旨から，下線部(b)のような商品を何というか，正しい用語を記入しなさい。

問３．下線部(c)の説明として，次のなかから適切ではないものを一つ選びなさい。

　ア．購入時に原則として個人情報が必要となるため，顧客情報や購入履歴が蓄積することができ，効率のよい販売促進活動につなげることができる。

　イ．店舗展開できない地域においても販売活動を行うことができ，店舗展開している地域では，実店舗の営業活動と結びつけるＯ２Ｏといった販売促進活動を行うことができる。

　ウ．ショールーミングの推進を可能とし，店舗や店舗の人員を削減することができ，アプリによるクーポン配信といった少ない費用で効果的な販売促進活動を行うことができる。

7　次の文章を読み，問いに答えなさい。

　資金を必要とする経済主体（資金需要者）に資金を融通することを金融といい，金融をサービスとして提供する事業を金融業という。また，金融はその融通の方法により(a)直接金融と間接金融に分けられる。
　金融業者のなかでも私たちに身近な銀行についてみてみよう。普通銀行は，銀行法に基づいて設立された＿＿＿＿の金融機関である。その主な業務は，銀行の三大業務と呼ばれる預金業務，貸出業務，(b)為替業務と，その他の業務に分類される。

問1． 下線部(a)の例に含まれるものはどれか，次のなかから最も適切なものを一つ選びなさい。
　　ア．預金者から資金を預かり，その資金を不特定の企業に貸し出す。
　　イ．投資家が，特定の企業などの株式や社債などを購入する。
　　ウ．人々が保険料を出し合い，その人々の誰かに損害が発生した際保険会社は保険金を支払う。

問2． 文中の＿＿＿＿に入る記述は何か，次のなかから適切なものを一つ選びなさい。
　　ア．特殊会社形態の公的金融機関
　　イ．協同組合形態の民間金融機関
　　ウ．株式会社形態の民間金融機関

問3． 下線部(b)はどのような業務か，次のなかから適切なものを一つ選びなさい。
　　ア．企業と企業の間，または企業と家計などの資金のやりとりを仲介する業務
　　イ．顧客から預かった有価証券を売買して差益を稼ぐ業務
　　ウ．有価証券や土地などの財産を委託者のために管理，運用し，その手数料を受け取る業務

⑧ 次の文章を読み，問いに答えなさい。

　私たちの毎日の生活は，数多くの企業によって支えられている。その企業は出資者の違いによって，私企業，公企業，(a)公私合同企業といった種類がある。ここでは企業の一般的な形態である株式会社についてみてみよう。

　株式会社は資本を細分化した株式を発行し，その株式を買ってもらうことにより，経営に必要な資金を確保している。株式を細分化する理由は，多くの人々から資金を集めやすくするためである。また，株式を保有している人を株主といい，(b)株主は出資割合に応じて，企業からさまざまな権利を得ている。

　株式会社の機関には，(c)取締役の選任のほか，事業や経営の方針を決定する最高の意思決定機関や，三人以上の取締役によって構成され，業務執行の方針を決定し，その執行を監督する取締役会，業務執行や会計処理が適正に行われているかチェックする監査役などがある。

問１．下線部(a)の具体例として，次のなかから正しいものを一つ選びなさい。
　　ア．農業協同組合　　イ．造幣局　　ウ．日本銀行

問２．本文の主旨から，下線部(b)の権利はどのようなことがあるか，次のなかから最も適切なものを一つ選びなさい。
　　ア．取締役会で意見を述べたり，議決権を行使したりすることができる権利
　　イ．株式の売却時における利益にかかる税金を免除される権利
　　ウ．配当金を受け取ることができる権利

問３．本文の主旨から，下線部(c)を何というか，正しい用語を記入しなさい。

9 次の文章を読み，問いに答えなさい。

　　A社は，家庭用浄水器，キッチン水栓，浴室用シャワーヘッド，浴槽などを製造・販売している。202X年に発売した浴室用シャワーヘッドは，毛穴の奥まで届く超微細気泡によるすぐれた洗浄効果によりヒット商品となった。

　　この製品を開発したというA社の社長は，娘さんが肌に持病があり，それを何とかしたいと思い，精密機器を洗浄するための技術をシャワーヘッドに応用することを考えたという。このように，(a)今までは考えもつかなかったアイディアをもとに，これまでにない新しい製品を生み出す能力が発揮され，このシャワーヘッドが開発されたのである。

　　このシャワーヘッドがヒットするきっかけとなったのは，油性マジックで落書きされた顔の汚れをシャワーの水流で落とすというCMである。(b)このCMにより４P政策における，消費者にこの製品を知ってもらい，買いたいと思わせる政策が達成されたといえる。

　　このシャワーヘッドは一般家庭以外でも活用されている。その一つが介護施設である。このシャワーヘッドにより，身体を洗いやすくなり入浴介助時のスタッフの負担が軽減された。これは，介護の現場における職員の負担を減らしたいという消費者ニーズを満たしたといえる。結果として，このシャワーヘッドを使用した介護職員は，くり返し購買してくれるリピーターになってくれたり，企業の良いイメージを口コミなどで広めてくれたりする可能性が高くなった。顧客である介護職員の顧客満足が実現したととらえることができるだろう。

問１．下線部(a)のようなことを何というか，次のなかから最も適切なものを一つ選びなさい。
　ア．創造性　　イ．社会性　　ウ．主体性

問２．本文の主旨から，下線部(b)は４P政策のどの政策になるか，次のなかから正しいものを一つ選びなさい。
　ア．製品政策　　イ．プロモーション政策　　ウ．流通政策

10　次の文章を読み，問いに答えなさい。

　　企業が商品を生産するためには，土地・資本・労働力といった生産要素が必要となる。しかし，生産要素には限りがあり，(a)消費者が欲しがるすべての商品を生産するための生産要素がない。一般的に，売り上げの拡大には，自社が持つ生産要素の拡充を図る必要があるという課題が生じる。この課題を克服した企業についてみてみよう。

　　A社は，B県で主にブドウの生産と販売を行っている企業である。A社の社長は実家のブドウ農家を継ぎ，毎年2倍以上のペースで売り上げを伸ばしている。

　　A社のブドウ畑は，面積は1万4,000坪にもなり，B県内のさまざまな場所に点在し，今も増え続けている。増え続けている理由は，高齢化や担い手不足により農業を続けられないブドウ農家から，その土地を比較的安く借りて生産していることにある。そして，広い畑でブドウを栽培するために，期間アルバイトであれば労働が可能な人材を探して雇用し，生産している。このように，A社は(b)新しいアイディアで新たな価値を創造する革新を行ったといえるだろう。

　　さらに，A社は販売方法も普通の農家とは異なる。ブドウを農協に出荷するのではなく，デパートに直接販売したり，オンラインモールに出店したりしている。今後は(c)自社のインターネットサイトから消費者にブドウを販売するような販売方法を検討することもあるだろう。さらに，近隣の農家のブドウもA社が一緒に販売しているという。そのため，多くのブドウが集まり，販売先を広げることができ，東南アジアなどへの輸出も行っている。日本では一ふさ2,000円で販売されているブドウが，海外では20,000円の値が付くこともある。

　　A社の社長には(d)新しいビジネスを創造する意欲があったため，今の成功がある。日本のさまざまな分野において，このような企業や人材が現れることを期待したい。

問1．下線部(a)のことを何というか，漢字3文字で正しい用語を記入しなさい。

問2．下線部(b)を何というか，次のなかから最も適切なものを一つ選びなさい。
　　ア．イノベーション　　イ．モチベーション　　ウ．ローカライゼーション

問3．本文の主旨から，下線部(c)におけるA社のブドウの流通経路はどれか，次のなかから最も適切なものを一つ選びなさい。
　　ア．生産者　→　卸売業者　→　小売業者　→　消費者
　　イ．生産者　→　小売業者　→　消費者
　　ウ．生産者　→　消費者

問4．下線部(d)を何というか，次のなかから最も適切なものを一つ選びなさい。
　　ア．幾何学的精神　　イ．遵法精神　　ウ．企業家精神

11 次の文章を読み，問いに答えなさい。

　　A県B市は令和〇年度の人口が14万人弱の都市である。減少幅は小さいが人口減少だったり，財政の硬直度を示す経常収支比率が約9割であったりするなど，日本の多くの地域に共通する課題を抱えている。そこで，地域を活性化させるためのさまざまな取り組み，いわゆる地方創生が行われている。地方創生で重要となる(a)地域独自の魅力を掘り起こし，内外の人々に向けてわかりやすく伝える活動についてみてみよう。

　　15年ほど前から，A県B市にある自動車の部品メーカーであるC社に，海外の人々が工場視察に訪れるようになった。しかし，工場の視察を終えると，B市には滞在せず，隣の県や大都市に流れていってしまい，B市を観光してくれないという課題があった。そこで，視察に訪れた人々のB市での滞在時間を延ばそうと，B市まちづくり協議会が立ち上げられ，B市を巡る観光ツアーが開始した。

　　この観光ツアーの特徴は三つある。一つ目は，10km圏内でコンパクトにツアーが提供されていることである。二つ目は，視察先が製造業の工場に限らず，ショッピングセンターや飲食業，さらに小学校なども視察できることである。技術だけではなく，経営理念やノウハウを伝える場にもなっている。三つ目は，有償で視察を受け入れていることである。コスト分（10〜15万円程度）の視察料を受け取ることにより，受け入れる企業の経済的負担も軽減している。

　　A県B市におけるこのような(b)企業や工場を視察することを目的とする観光は，地方創生を目指す多くの自治体にとって有益なヒントとなるだろう。

問1．下線部(a)を何というか，次のなかから最も適切なものを一つ選びなさい。
　ア．コミュニティ・ビジネス　　イ．スポンサーシップ　　ウ．地域ブランディング

問2．下線部(b)のことを何というか，漢字2文字を補って正しい用語を完成させなさい。

12 次の文章を読み，問いに答えなさい。

　企業は，利益を出すために，戦略を立てて実行したり，働く人を適切に配置したりして運営する必要がある。企業を運営することを経営（マネジメント）という。企業は(a)経営資源を上手に組み合わせて，企業の社会的な価値を高め，利益を出すことで成長，存続を目指している。

　ただし，利益を追い求めすぎて，不正を働くことは決して許されない。不正を行わないためには，企業倫理を持った活動を行う必要がある。そこで，(b)企業の経営がきちんと行われているのかを取締役会や株主などがチェックするしくみを整えることが重要となる。このしくみを整えるために，近年，取引や資本関係が無い外部から登用する社外取締役の割合を増やし，客観的な視点によって，取締役会のチェック機能を強化している企業が増えている。

問１．下線部(a)を四つに分類した組み合わせとして正しいものはどれか，次のなかから最も適切なものを一つ選びなさい。

　ア．モノ，カネ，ヒト，トチ
　イ．ヒト，モノ，カネ，情報
　ウ．カネ，ヒト，トチ，情報

問２．下線部(b)のしくみを何というか。次のなかから最も適切なものを一つ選びなさい。

　ア．コンプライアンス　　イ．ＣＳＲ　　ウ．コーポレート・ガバナンス

13 次の一連の文章〔Ⅰ〕・〔Ⅱ〕を読み，それぞれの問いに答えなさい。

〔Ⅰ〕株式会社トラットリア鎌倉（以下，トラットリア鎌倉）は，イタリア料理店である。ここ最近ピザの売れ行きがよくないため，ピザの焼き方を改良することを決定した。トラットリア鎌倉では，これまで一般的なオーブンでピザを焼いていたが，遠赤外線効果でふっくらできあがる石窯オーブンの導入を検討することにした。

以下は，トラットリア鎌倉が石窯オーブンを購入する業者を選定し，売買契約を締結するまでの事例を示したものである。

令和○年8月3日　トラットリア鎌倉は，石窯オーブンを購入するにあたり取引条件を示し，価格を問い合わせる書類を作成した。そして，その書類を厨房機器メーカーとして定評のある株式会社加地製作所（以下，加地製作所），浅井工業株式会社（以下，浅井工業）に送付した。

　8月20日　トラットリア鎌倉は，それぞれの会社から，(a)価格の問い合わせに対する回答の書類を受け取った。

　8月22日　トラットリア鎌倉は，加地製作所と浅井工業から送付された書類を確認し，社内で検討した結果，加地製作所から購入することを決定した。そして，下記の注文書を作成して加地製作所に送付した。

No.111

注 文 書

令和○年8月22日

（住所省略）
株式会社加地製作所　御中

下記のとおり注文いたします。

（住所省略）
株式会社トラットリア鎌倉 〔印〕

品名	数量	単価(税込)	金額(税込)
石窯CLN-1GX	1	2,200,000	2,200,000
以下余白			
合　　計			￥2,200,000

納入期日	令和○年　9月30日	運搬方法	自動車便
納入場所	買い手指定場所	運賃諸掛	売り手負担
支払条件	着荷・設置後10日以内小切手払い		

　8月28日　加地製作所の営業担当者は，トラットリア鎌倉に出向き(b)注文請書を渡し，石窯オーブンを設置する場所を確認した。

問1．下線部(a)を何というか，漢字で正しい用語を記入しなさい。

問2．注文書の内容から，この取引の運賃諸掛はどの会社が支払うか，次のなかから正しいものを一つ選びなさい。
　　ア．株式会社加地製作所　　　イ．浅井工業株式会社　　　ウ．株式会社トラットリア鎌倉

問3．下線部(b)の説明として，次のなかから正しいものを一つ選びなさい。
　　ア．販売した商品の代金を請求する書類
　　イ．注文を確認し承諾したことを伝える書類
　　ウ．届いた商品を確認し受け取ったことを伝える書類

文章〔Ⅱ〕とそれに関する問いは，次のページにあります。

〔Ⅱ〕トラットリア鎌倉は，店舗に設置する石窯オーブンの購入先を１社に選定し，令和○年８月に売買契約の締結を済ませている。

令和○年９月になり，店舗に石窯オーブンが設置されることになった。

以下は，トラットリア鎌倉に石窯オーブンが設置され，代金を支払うまでの売買契約の履行の事例を示したものである。

令和○年９月20日　トラットリア鎌倉に石窯オーブンが届けられたので，(c)注文したとおりの品で間違いがないか，傷や汚れがないかの確認を行った。
　　　　　　　　　その後，指定した場所に設置してもらった。

　　　９月23日　トラットリア鎌倉は，振り出す予定の小切手が預金残高不足のため支払いを拒絶されることがないように，当座預金の残高を確認した。

　　　９月25日　トラットリア鎌倉は，支払条件のとおりに，小切手の控えに必要事項を記入した。さらに，安全に取引を行うため，(d)小切手の表面に２本の平行線を引いた小切手を作成し，代金の支払いとして下記の小切手を振り出した。

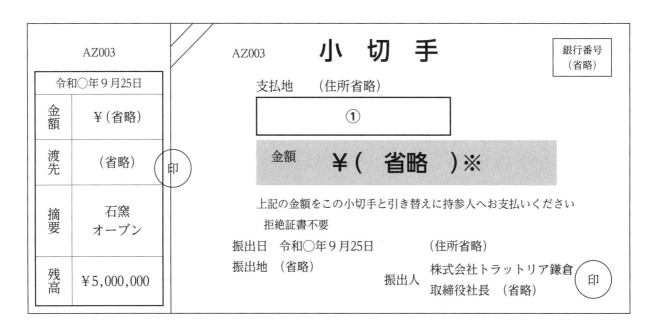

　　　９月29日　振り出した小切手が取引銀行で処理され，当座預金口座の残高から代金が引き落とされた。

〈資　料〉

会社名	取引銀行
株式会社トラットリア鎌倉	鎌倉銀行長谷支店
浅井工業株式会社	藤沢銀行江の島支店
株式会社加地製作所	小田原銀行城内支店

問4．下線部(c)を何というか，次のなかから正しいものを一つ選びなさい。

　ア．納品　　イ．検収　　ウ．監査

問5．下線部(d)はどのような小切手か，次のなかから正しいものを一つ選びなさい。

　ア．支払い銀行が振出人になっている小切手で，新規の取引で信用がない場合などに，前もって銀行に預け，それをもとに銀行が振出人になって振り出すことで不渡りを防ぐ小切手。

　イ．支払銀行に対して，ほかの銀行か自行の取引先にしか支払いをせず，一般の持参には支払わないように指定し，不正な換金を防ぐことを可能とする小切手。

　ウ．支払銀行に対して，指定した特定の銀行を通じてのみ支払いを行うように指定し，不正な換金を防ぐことが可能となる小切手。

問6．小切手の　①　に入るものとして，前ページの＜資料＞を参照し，次のなかから正しいものを一つ選びなさい。

　ア．鎌倉銀行長谷支店　　イ．藤沢銀行江の島支店　　ウ．小田原銀行城内支店

第2回
商業経済検定模擬試験問題
［ビジネス基礎］

解答上の注意

1．この問題のページはp.38からp.51までです。

2．解答はすべて別紙解答用紙(p.119)に記入しなさい。

3．文字または数字で記入するもの以外はすべて記号で答えなさい。

4．計算用具などの持ち込みはできません。

5．制限時間は40分です。

1　次の(1)～(5)に最も関係の深いものを解答群から選びなさい。

(1)　主に生産，流通を行う経済主体。

(2)　消費を行う経済主体。

(3)　生産要素のうち，商品の生産に用いられる工場，部品，機械，道具などのこと。

(4)　生産要素のうち，商品を生産する従業員や，企画立案者や経営者などの人材のこと。

(5)　生産要素のうち，鉱物や水などの天然資源全般のこと。

解答群
ア．資本　　イ．労働力　　ウ．家計　　エ．土地　　オ．企業

2　次の(1)～(5)のうち，条件に当てはまるものにはAを，それ以外にはBを記入しなさい。ただし，すべてに同一の記号を記入した場合は5問全部を無効とします。

条件　計算の結果が￥120,000となるもの

(1)　￥500,000の24%

(2)　ある金額の4割が￥48,000であったときの，ある金額

(3)　￥200,000の6割引き

(4)　￥150,000を年利率4.0%の単利で2年間借りたときの利息

(5)　テレビを￥100,000で仕入れ，仕入諸掛￥20,000を支払ったときの仕入原価

3　次の(1)～(5)の　　　に当てはまるものを解答群から選びなさい。

　国や地方公共団体は，私たちに公共サービスを提供するために，各種の税を徴収している。税は，納税先に応じて，国に納める国税と地方公共団体に納める　(1)　とに分けられる。

　企業などが納める税のうち，代表的なものが　(2)　であり，これは企業などが1年間の事業で得た利益に課せられるもので，国税として納付される。また，ものの販売やサービスの提供に対して課せられる税を　(3)　という。この税は，税を納める人と税を負担する人が別であるため，　(4)　に分類される。

　日本では，納税者が所得の金額と税額を自分で計算し，納税する申告納税方式が原則となっている。この方式では，所得の金額や支払う税額を確定させるために　(5)　が必要となる。

解答群

ア．確定申告　　イ．法人税　　ウ．地方税　　エ．間接税　　オ．消費税

4　次の(1)～(5)について，下線部が正しい場合は〇を記入し，誤っている場合は解答群から正しいものを選び記号で答えなさい。ただし，すべてに〇を記入した場合は5問全部を無効とします。

(1)　敬語の中で，相手の動作を高めることで敬意を表すものを尊敬語といい，「お会いになる」や「おっしゃる」という使い方がある。

(2)　お辞儀には場面に応じた三つの形があり，上体を45°傾け，視線を約1m先に向けるお辞儀を会釈という。

(3)　上司の田中課長が外出しているということを社外の人に言う場合には，「田中課長はあいにく外出しております」と述べるとよい。

(4)　会社での会議や打ち合わせなど，公式な場面で行われるコミュニケーションを，インフォーマルコミュニケーションという。

(5)　小説や音楽，コンピュータプログラムなどを創作した人に認められる知的財産権を著作権という。

解答群

ア．フォーマルコミュニケーション　　イ．謙譲語　　ウ．意匠権　　エ．最敬礼
オ．課長の田中

5　次の文章を読み，問いに答えなさい。

　　ものを生産するビジネスの代表例として，製造業が挙げられる。製造業では「ものを製造し販売する」ビジネスモデルがこれまでの中心であった。しかし，近年では，ものだけでは差別化が難しいため，製品そのものだけでなく，(a)製品に付随したサービスを消費者や購入する企業に提供するようになっている。

　　たとえば，ある建設機器メーカーでは，販売する建設機器にＧＰＳを搭載することで，自社が提供している製品の稼働状況を遠隔地でもリアルタイムで把握し，顧客が保有する車両の稼働率向上やコスト削減につながる(b)膨大な情報をサービスとして提供している。

　　これまで日本の製造業は，世界的にも高い技術力を持っており，高品質な製品を消費者に提供してきた。しかし，消費者のニーズが変化するなかで，消費者は製品に対して必要以上の機能を求めず，個々のライフスタイルや価値観に沿った製品を求めるようになったといわれている。これからの製造業には単に生産するだけでなく，上手に販売する方法まで検討していくことが求められている。

問１．下線部(a)のように製造業がサービス化することを何というか，カタカナ10文字で正しい用語を記入しなさい。

問２．下線部(b)を何というか，次のなかから正しいものを一つ選びなさい。
　ア．インフラ　　イ．ビッグデータ　　ウ．テレワーク

6 次の文章を読み，問いに答えなさい。

　私たちは日々，たくさんのものを消費して生活している。しかしながら，そこで消費されるものの多くは，自ら生産したものではない。すなわち，今日ではものの生産者と消費者は別々であることが多いといえる。

　このように，生産と消費の間にはさまざまな隔たりが存在しており，それには(a)ものをつくる生産者とものを買って使う消費者が別々である場合に生じる隔たりや，生産地と消費地が異なることから生じる隔たりなど，いくつかの種類がある。

　生産と消費の間にあるこうした隔たりを橋渡しして，ものや情報を移動させる活動を流通という。流通には，所有権を移転させる機能，(b)場所的に離れている生産者から消費者へ商品を輸送する機能や商品が生産されてから消費するまでの間保管する機能などがある。

　ものが生産されてから，消費者に届くまでの道すじを流通経路といい，流通経路は大きく直接流通と間接流通に分けられる。直接流通とは，生産者が流通業を通さずに消費者に直接ものを販売する経路であり，近年では(c)ファーマーズ・マーケットの開催などが多くみられる。一方，生産者が，流通業を通して間接的に消費者にものを販売する経路を間接流通という。

問1．下線部(a)のような隔たりを何というか，次のなかから正しいものを一つ選びなさい。
　ア．空間的隔たり　　イ．価値的隔たり　　ウ．人的隔たり

問2．下線部(b)のような機能をあらわす用語を何というか，次のなかから正しいものを一つ選びなさい。
　ア．商流　　イ．物流　　ウ．情報流

問3．下線部(c)の特徴として，次のなかから適切なものを一つ選びなさい。
　ア．消費者に直接販売するので，広告をつくらなくてよく，商品の陳列についても考える必要がない。
　イ．店舗での販売ではないため，商品の価格が低く抑えられ，収入の増加は見込めない。
　ウ．消費者と直接に接することができるため，商品の感想を聞けたり，品質向上のヒントを得たりすることができる。

7 次の文章を読み，問いに答えなさい。

　企業がビジネスを行っていくうえでは，資金が必要となる。資金は，(a)日常の業務に必要な資金と，長期間にわたり利用する生産設備の購入に必要な資金に分けて考えることができる。これらの資金を用意することを資金調達という。

　大手部品メーカーであるA社では，取引先企業の新製品の製造に関連し，新たな機械設備の導入を検討している。かかる費用が多額であるため，企業の外部から新たに資金を調達できないか，以下の三通りの方法で検討している。

　一つ目が，金融機関からの借り入れによる資金調達である。この方法では，すでに取引がある銀行から金銭を借り入れることができる。ただし，借りた金銭には返済の義務があり，利息も支払わなければならない。二つ目が，(b)社債を発行する方法である。三つ目が，株式を発行する方法である。この方法では，資金の返済の必要がないという特徴がある。しかし，株式を購入した株主からは，配当を支払うことを要求されたり，会社の経営に対して介入される可能性もある。

　最終的にA社では，取引銀行からより有利な金利で資金を借り入れることが可能であったため，その方法を選択することとなった。いずれにしろ，外部からの調達資金については，(c)その資金の取り扱いについて，どうなっているか，また，どうなったかを調達先に安心してもらえるように報告していく責任があることを忘れてはならない。

問１．下線部(a)を何というか，漢字２文字を補って正しい用語を完成させなさい。

問２．下線部(b)の特徴として，次のなかから適切なものを一つ選びなさい。
　ア．多数の投資家からの資金調達が可能である。
　イ．大企業だけでなく，中小企業でも発行することが容易である。
　ウ．利率や利息，返済の方法や期限などの募集事項については非公表である。

問３．下線部(c)を何というか，次のなかから適切なものを一つ選びなさい。
　ア．返済責任　　イ．受託責任　　ウ．説明責任

8 次の文章を読み，問いに答えなさい。

　私たちは日々の暮らしのなかで，事故や病気といったさまざまなリスクにさらされながら生きている。誰しもそのような被害にあうことは避けたいと思っているが，万一，そのような被害にあったときのために，相互扶助を目的とした保険制度が幅広く取り入れられている。

　たとえば，自宅が火災の被害にあってしまった場合について考えてみよう。その可能性はほとんどないといえるが，ゼロではない。また，一度火災が発生すると，自宅の損失はもちろん，周囲に被害を及ぼす恐れもあり，損失額は数千万円以上となるかもしれない。そのため，火災に対する不安を持っている人々は，あらかじめ保険料を出し合って準備金としておき，保険料を出していた人のなかの誰かに火災による損害が発生した場合には，その準備金から保険金が支払われるというしくみをつくることで，過度な損失に備えることができる。なお，このように準備金を集め(a)保険事業を営むのが保険会社のビジネスである。

　民間の保険会社が扱う普通保険は，生命保険と(b)損害保険に大きく分けられ，扱うことができる保険会社もそれぞれ別々であった。しかし，近年では，そのどちらにも属さない，あるいは両方にまたがる保険の分野として第三分野の保険と呼ばれるものが登場している。

　保険制度は私たちの生活にますます身近なものとなっている。これまでは，対面がメインであった保険加入が，パソコン，スマートフォンやタブレットなどのオンライン上で，顧客自らが保険商品を選んで加入できるしくみに変わりつつある。このように，保険会社をはじめとして，(c)ＩＴ技術を駆使した金融サービスは今後も進化していくことであろう。

問１． 下線部(a)を何というか，次のなかから正しいものを一つ選びなさい。
　ア．保険者　　イ．保険契約者　　ウ．被保険者

問２． 下線部(b)の特徴として，次のなかから適切なものを一つ選びなさい。
　ア．主に人の生死を対象としている。
　イ．医療保険や介護保険などが含まれる。
　ウ．建物や家財などの財産を対象としている。

問３． 下線部(c)を何というか，カタカナ６文字で正しい用語を記入しなさい。

9 次の文章を読み，問いに答えなさい。

　企業活動における不祥事の一つに，粉飾決算がある。これは，不正な会計処理によって，故意に貸借対照表や損益計算書，決算書などを操作し，企業の財務状況や経営状況を実際よりもよくみせることである。もし，このような不正がまかり通るとどうなるであろうか。その企業に出資したり，資金を貸したりしている人々はもちろん，取引先や従業員，地域社会など，その企業に関わる(a)利害関係者すべての信頼を失うことになり，その影響は真っ当に活動しているほかの企業にも及ぶことになる。

　このような不祥事を起こさないために，企業はどうするべきか。その一つに，(b)企業経営が問題なくなされているかを，取締役会や株主などがチェックするしくみを整える必要がある。外部の視点により企業経営のチェック機能を果たす役割を持つ社外取締役の割合を増やすことは，その具体的な方法として，多くの企業で採用されている。

問1． 下線部(a)と同じような意味を持つ言葉を何というか，次のなかから適切なものを一つ選びなさい。
　　ア．ディスクロージャー　　イ．アントレプレナー　　ウ．ステークホルダー

問2． 下線部(b)を何というか，次のなかから正しいものを一つ選びなさい。
　　ア．ＣＳＲ　　イ．コーポレート・ガバナンス　　ウ．コンプライアンス

10　次の文章を読み，問いに答えなさい。

　　右のイラストのような広告を見たことがある
だろうか。これは，Ｓ県Ｙ市のＪＡ（農業協同
組合）から出荷されたみかんである。このよう
に，特定の出荷地を商品名に付して販売するの
は，品質の高さを消費者に訴え，商品をブラン
ド化するのに有効的な方法であるためである。
このような農作物が生産者から消費者に届くま
での過程をみてみよう。

　　以前に比べると割合はやや減少しているものの，今日でも日本の野菜類やくだものの多くは卸
売市場で取引されている。生産者がつくった農作物は，まず農協などの (a)商品の収集機能を持
つ卸売業に運ばれる。農協では生産者から届けられた農作物を，品質や大きさごとに選別する作
業が行われることになる。そこで選別された農作物は，卸売市場に運び込まれ，売買参加者へ販
売される。その後，商品の分散機能を持つ卸売業に販売され，さらに小売業へと販売される。そ
して，私たち消費者はその小売業から農作物を買い求めることになるのである。

　　このように卸売業は，私たちにとってはあまりなじみがない存在かもしれないが，流通におけ
る重要な役割を果たしている。もちろん(b)小売業にとっても欠かせない存在であるが，近年では
中小規模の小売業が減少し，大規模な小売業が生産者と直接取引をすることが増える傾向がみら
れるとともに，卸売業の合併や統合などにより(c)少数の企業によって市場が支配されるなど，卸
売業の置かれている状況は厳しいものとなっている。そのため，卸売業が小売業に進出し，消費
者に直接商品を販売している例も見受けられる。

問１．下線部(a)を何というか，次のなかから正しいものを一つ選びなさい。
　ア．産地卸　　　イ．仲継卸　　　ウ．消費地卸

問２．下線部(b)について，卸売業と小売業の関係として，次のなかから適切なものを一つ選びな
　　さい。
　ア．卸売業が存在することで，生産者から小売業への取引総数は増加する。
　イ．卸売業と小売業の間では，金銭の融資や経営指導などの支援は行われない。
　ウ．卸売業は，商品が売れるかどうかの不確実性に対するリスクを負担している。

問３．下線部(c)を何というか，次のなかから正しいものを一つ選びなさい。
　ア．独占　　　イ．複占　　　ウ．寡占

11　次の文章を読み，問いに答えなさい。

　みなさんのなかには，休日にショッピングセンターへ買い物に行く人も多いのではないだろうか。ショッピングセンターは，複数の小売店舗や飲食店，美容院，旅行代理店などサービス業の店舗が入居している商業施設であり，特定の(a)開発業者によって計画的に建設，運営されている商業集積である。その歴史は古く，日本では1970年ごろに本格的な郊外型ショッピングセンターが誕生し，2000年以降には広大な敷地と駐車場を確保した大型ショッピングセンターが，大規模工場の跡地などに次々と開設された。

　ショッピングセンターは，大型小売店舗を中心とし，それに加えて多数の専門店で構成されていることから，生活必需品から専門品まで，(b)1店舗または1か所に立ちよるだけで必要な買い物ができるのが大きな特徴となっている。

　また近年では，高速道路や幹線道路沿いの郊外，さらには観光地などにおいて，(c)流行遅れになった古いモデルやサイズが不ぞろいになっている在庫処分品を取り扱う店を集めた商業集積も見られる。これらの商業集積が，やや都心から離れた位置に立地しているのは，正規品を販売している都心部の店舗との競合を避け，広範囲からの集客を目的とし，また郊外であるため土地代が安いという理由があるからとされている。一方，駅前などの人通りの多い場所には，古くからの商業集積である商店街が見られる。古くは盛んに商売が行われていた商店街も，近年では(d)右のグラフのように数多くの問題を抱えている。これらの問題をどう解決していくかが，商店街復活のためのカギになるであろう。

図1　商店街の抱える問題（複数回答：三つまで）

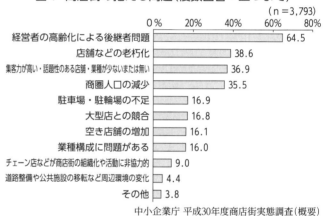

中小企業庁 平成30年度商店街実態調査（概要）

問1．下線部(a)を何というか，次のなかから正しいものを一つ選びなさい。
　ア．トランパー　　イ．ディベロッパー　　ウ．カテゴリーキラー

問2．下線部(b)を何というか，正しい用語を記入しなさい。

問3．下線部(c)を何というか，次のなかから正しいものを一つ選びなさい。
　ア．アウトレットモール　　イ．核テナント　　ウ．コーポレートチェーン

問4．下線部(d)について，図1のグラフから読み取れる商店街の問題として正しいものを，次のなかから一つ選びなさい。
　ア．高齢化による後継者問題よりも，店舗などの老朽化のほうが問題としている数が多い。
　イ．商圏人口の減少の問題は，空き店舗の増加の問題とほぼ同じくらいの数である。
　ウ．問題とされる上位4つは，3分の1以上の回答者が問題と考えている内容である。

12 次の文章を読み，問いに答えなさい。

　売買取引では，売り手は買い手に対して商品を受け渡す一方，買い手は売り手に対して代金を支払う必要がある。これを代金決済というが，それにはいくつかの方法がみられる。

　私たちの生活においてもなじみ深いのが，紙幣と貨幣を利用した現金通貨による決済である。日本では，法律によって現金通貨には(a)強制通用力が与えられているため，支払い手段として有効的なものといえる。また，企業の活動においては，(b)小切手や約束手形による決済も多く行われている。遠隔地間の代金決済には，銀行振込が使われることも多く，銀行の窓口やＡＴＭなどで行うほか，インターネットを利用したネットバンキングと呼ばれる方法も広く浸透している。

　一方，現金通貨を使わない(c)キャッシュレス決済も年々普及している。諸外国では日本以上にキャッシュレス化が進んでおり，さらなる普及が期待されるが，必要となる機器の準備の問題やセキュリティ機能の強化，不正使用への対策など，検討すべき課題はまだまだ多いと言えるだろう。

問１．下線部(a)について，日本における強制通用力に関する説明として，次のなかから正しいものを一つ選びなさい。

　ア．貨幣は枚数に制限なく使用することができる。

　イ．貨幣は額面金額の20倍までに使用が制限されている。

　ウ．紙幣は額面金額の20倍までに使用が制限されている。

問２．下線部(b)のために必要となる預金を何というか，次のなかから正しいものを一つ選びなさい。

　ア．当座預金　　　イ．定期預金　　　ウ．普通預金

問３．下線部(c)について，キャッシュレス決済についての説明として，次のなかから適切なものを一つ選びなさい。

　ア．クレジットカードを利用するためには，あらかじめカードにお金をチャージ（蓄積）しておく必要がある。

　イ．ＱＲコードやバーコードを使った決済方法は，まだ実用化はされていない。

　ウ．ＩＣカードを用いた電子マネーでは，使い切り型のプリペイドカードとは異なり，複数回の出入金が可能である。

13 次の一連の文章〔Ⅰ〕・〔Ⅱ〕を読み，それぞれの問いに答えなさい。

〔Ⅰ〕C茶碗はD県E市でつくられている漆器であり，古くから伝わる(a)伝統産業としても名高い評価を得ている。なかでも，C茶碗を販売している株式会社A漆器店（以下，A漆器店）は，(b)日本を訪れる外国人観光客からも評判となっている老舗の店舗である。

　先ごろ，株式会社B百貨店（以下，B百貨店）よりまとまった数量のお椀の価格について，問い合わせのための書類がA漆器店に届いた。これを受けてA漆器店では，ただちに以下の書類をB百貨店に送付した。

		No.93
	①	令和○年10月18日

（住所省略）
株式会社B百貨店　御中

（住所省略）
株式会社A漆器店　　印

　下記のとおり　　※　　いたします。

納入期日	令和○年11月1日	運搬方法	自動車便	支払条件	着荷後7日以内手形払い	
納入場所	買い手指定場所	運賃諸掛	売り手負担			
品名		数量	単価（税込）		金額（税込）	
お椀（汁椀）		5	②		60,000	
以下余白						
合　　計						￥60,000

見積有効期限　令和○年10月25日	係印	（押印略）	（押印略）

設問の都合上，※部分の記載は省略

問1．下線部(a)の説明として，次のなかからふさわしくないものを一つ選びなさい。

　　ア．伝統工芸品の産地や製造工場などを観光資源とすることができる。

　　イ．各地域にみられる特色豊かな産業のことで，伝統的な文化にもなっている。

　　ウ．古くから残る伝統であるため，現代の消費者ニーズにあわせることは避けられている。

問2．下線部(b)を何というか，次のなかから正しいものを一つ選びなさい。

　　ア．インバウンド　　　イ．インフレーション　　　ウ．イノベーション

問3．書類の空欄　①　に入るものは何か，次のなかから適切なものを一つ選びなさい。

　　ア．見積依頼書　　　イ．見積書　　　ウ．請求書

問4．書類の空欄　②　に入る数値を記入しなさい。

文章〔Ⅱ〕とそれに関する問いは，次のページにあります。

〔Ⅱ〕その後，B百貨店からA漆器店に対し，先に述べた書類の内容で正式な注文が行われた。送付の準備ができたA漆器店からは，速やかにB百貨店へ(c)お椀が届けられた。B百貨店では(d)注文通りの品であり，商品に傷などがないことを関係する文書と照らし合わせて確認した後，代金の支払いとして，以下の約束手形をA漆器店に対して振り出した。

問5．下線部(c)と同じタイミングで送付される書類を何というか，次のなかから一つ選びなさい。

　　ア．領収証　　イ．納品書　　ウ．注文書

問6．下線部(d)を何というか，漢字2文字で正しい用語を記入しなさい。

問7．この約束手形の説明として，次のなかから適切なものを一つ選びなさい。

　　ア．令和○年11月5日が満期日である。

　　イ．加賀銀行金沢支店はB百貨店の取引銀行である。

　　ウ．A漆器店は，この約束手形をほかの会社や銀行などに譲渡することはできない。

第3回
商業経済検定模擬試験問題
［ビジネス基礎］

解答上の注意

1．この問題のページはp.54からp.67までです。
2．解答はすべて別紙解答用紙（p.121）に記入しなさい。
3．文字または数字で記入するもの以外はすべて記号で答えなさい。
4．計算用具などの持ち込みはできません。
5．制限時間は40分です。

1 次の(1)～(5)に最も関係の深いものを解答群から選びなさい。

(1) 多数の出資者を集めやすく，出資と経営の分離が可能である，営む規模を問わない最も一般的な企業。

(2) 合名会社，合資会社，合同会社が含まれる，出資者と経営者が同一であり，株式会社に比べて設立の手続きや組織が簡易となっている企業。

(3) 出資者は，無限責任の経営者一人であり，小規模な小売業向きの企業。

(4) 国立印刷局や造幣局，ＵＲ都市機構，地方交通のように，国や地方公共団体が出資する企業。

(5) 中小商工業者，農林水産業者，消費者などが相互扶助の精神で，営利を目的としない事業を行う企業。

解答群
ア．協同組合　　イ．個人事業主　　ウ．株式会社　　エ．公企業　　オ．持分会社

2 次の(1)～(5)のうち，条件に当てはまるものにはＡを，それ以外にはＢを記入しなさい。ただし，すべてに同一の記号を記入した場合は5問全部を無効とします。

条件 証券会社の業務

(1) 顧客から株式や社債などの有価証券の売買の注文を受けて証券取引所に取り次ぐ業務

(2) 新たな株式や社債などが発行されるとき，発行会社の委託を受けて募集売出しを行う業務

(3) 手紙やはがきなどの信書，印刷物などの文書，その他小型物品などを送達する業務

(4) 自己資金で株式や社債などの有価証券を売買し，有価証券売却益の獲得を目指す業務

(5) 株式などの金融商品の売買を行う施設を運営する業務

③ 次の(1)〜(5)の □ に当てはまるものを解答群から選びなさい。

　代金決済の方法は，現金以外にもいくつかある。

　まず，主に企業が行う代金決済の方法で，□(1)□を渡すことにより，当座預金口座から支払う方法がある。受取人は，原則として10日以内に，これの裏面に住所と氏名を記入し，押印して支払銀行に呈示すれば代金を受け取ることができる。

　次に，主に消費者の取引に用いられる方法として，契約に基づいて銀行が主体となり，銀行行内のある口座からある口座へ，支払いのために資金の移動を行う□(2)□による決済や，一定の条件を満たし，審査に通った利用者に対して，金融機関や信販会社から発行される□(3)□を提示し，サインまたは暗証番号を入力することにより後日，預金口座から支払われる決済がある。

　さらに，リーダーライターにカードやスマートフォンをタッチするかかざすかすると，カードやスマートフォンのチャージ残高から商品代金などの金額が差し引かれる□(4)□や利用者が専用のアプリをインストールして利用者登録を行い，商品購入時に顧客側または店側の□(5)□を読み取り，顧客から決済事業会社へ商品代金を支払い，決済事業会社から小売店などへ商品代金が支払われる方法もよくみられるようになってきた。

解答群

ア．電子マネー　　イ．コード　　ウ．口座振替　　エ．小切手　　オ．クレジットカード

④ 次の(1)〜(5)について，下線部が正しい場合は○を記入し，誤っている場合は解答群から正しいものを選び記号で答えなさい。ただし，すべてに○を記入した場合は5問全部を無効とします。

(1)　日本政府が発行する貨幣は，法律によって強制通用力が与えられているが，1回の取引について，額面金額の10倍までに使用が制限されている。

(2)　1ダースにつき¥400の鉛筆を30ダース仕入れ，仕入諸掛は¥1,500を支払うと，仕入原価(諸費用込原価)は¥13,500である。

(3)　どちらか一方を選択すれば，もう一方をあきらめなければならない状態をトレード・オフといい，トレード・オフによってあきらめなければならない価値を固定費用という。

(4)　仕入原価¥10,000のジョギングシューズに，仕入原価の2割5分の利益を見込んで予定売価をつけると，予定売価は¥10,250になる。(ただし，消費税は考えない)

(5)　利息の計算方法には2種類あり，そのうち一定期間ごとに支払われる利息を元金に加えて，これを新しい元金とみなして一定の利率で利息を計算する方法を単利法という。

解答群

ア．機会費用　　イ．12,500　　ウ．20　　エ．10,500　　オ．複利法

5　次の文章を読み，問いに答えなさい。

　以下は，ヨネダ株式会社の大石さんが，自社の新製品であるテニスシューズの営業のために，大手スポーツ用品店である株式会社ゼルラのシューズ事業部を訪問し，面識のある武井課長と面会するまでの流れである。

大石：（訪問前に，(a)自分の服装や髪形などの身だしなみをチェックした）

大石：「ヨネダの大石と 　　　　 。シューズ事業部の武井様と午前10時に面会の約束をしております」（大石さんは，約束の5分前に到着し，初めて会う受付係に(b)自分の名前や会社名，メールアドレスなどの情報を印刷した長方形の小形の紙札を渡した）

受付：「ヨネダの大石様でいらっしゃいますね。ただいま連絡いたしますので，少々お待ちください」
　　　（受付係は，武井課長へ連絡すると，応接室で対応するので案内するようにと指示をうけた）
　　　「武井は応接室で対応いたします。ご案内いたします。どうぞこちらへおいでください」
　　　（受付係は大石さんを応接室へ案内し，着くとドアをノックして開け，大石さんを通した）

受付：「どうぞおかけください」（受付係は大石さんに(c)上座をすすめ，大石さんは着座した）
　　　（受付係はゆったりとした気分になれるようにするための準備を行った）

受付：「お茶をどうぞ。ただいま武井が参ります。少々お待ちください」
　　　（その後，武井課長が現れた）

大石：「お世話になっております。本日は新製品のサンプルをお持ちしました」
　　　（大石さんと武井課長は，おたがいに(d)30度の角度のお辞儀をした）
　　　（大石さんは，新製品のシューズを取り出し，プレゼンテーションを始めた）

問1．下線部(a)を行う目的として，次のなかから最も適切なものを一つ選びなさい。
　ア．外見はその人の心理状態を表すのでその変化を感じさせないようにするため。
　イ．外見はその人の人柄を表すので相手に好感を持って受け入れてもらうため。
　ウ．外見はその人の会社の経済力を表すので商談を不利にしないようにするため。

問2．本文の主旨から，文中の 　　　　 に当てはまるものとして，次のなかから最も適切なものを一つ選びなさい。
　ア．申します　　イ．いいます　　ウ．おっしゃいます

問3．下線部(b)を何というか，漢字で正しい用語を記入しなさい。

問4．下線部(c)とはどのような席か，次のなかから最も適切なものを一つ選びなさい。
　ア．一般的に，景色が見やすく快適な窓に近い席。
　イ．一般的に，出入りしやすく快適な出入口から近い席。
　ウ．一般的に，人の出入りが少なく快適な出入口から遠い奥の席。

問5．下線部(d)を何というか，次のなかから正しいものを一つ選びなさい。
　ア．会釈　　イ．普通礼　　ウ．最敬礼

6　次の文章を読み，問いに答えなさい。

　私たちは，生活をするなかでさまざまな商品を消費している。その際，商品の代金を支払っている。また，商品はほかの誰かが生産していて，商品を提供する人は商品を渡す際に，代金を受け取っている。そこで得たお金は労働者の賃金となり，その賃金は新たな消費につながる。このように経済は循環している。経済活動を行う主体は経済主体といい，経済主体には次の三つがある。

　一つ目は，(a)私たちの家庭を，消費活動を行う経済主体としてとらえたものである。これは企業に労働力を提供して賃金を得たり，資金を提供して利子・配当を受け取ったりすることで，商品を購入し，消費する。

　二つ目は，主に生産，流通を行う経済主体としてとらえたもので，企業という。企業は，消費活動を主として行う経済主体から労働力や資金などの提供を受け，商品の生産，流通を行い，そこから得た利益を活用して組織を維持し，発展させている。

　三つ目は，国や地方公共団体を経済主体としてとらえたもので，政府という。政府は，ほかの経済主体から税金を徴収して，それをもとに(b)道路や学校，病院やダムなど生活の根本を支えている基盤となる公共サービスを提供したり，(c)経済活動全体の調整を行ったりしている。

　私たちの生活は，三つの経済主体の経済活動とその相互の結びつきとともに，ほかの国々との結びつきにより成り立っている。

問1．下線部(a)を何というか，漢字2文字で正しい用語を記入しなさい。

問2．下線部(b)を何というか，次のなかから適切なものを一つ選びなさい。
　ア．インフラ　　イ．スポンサーシップ　　ウ．コーポレートガバナンス

問3．本文の主旨から，下線部(c)の具体例として，次のなかから適切なものを一つ選びなさい。
　ア．海外との取引や商品の生産・流通を行うこと。
　イ．資金を提供して利子，配当金を受け取ったり，土地を提供して地代を受け取ったりすること。
　ウ．公共投資を増やして雇用を創出しようとしたり，減税を行ったりすること。

7 次の文章を読み，問いに答えなさい。

　近年，人，商品，お金，情報が国境を意識せずに地球上のどこでも自由に行き来する(a)グローバル化が進展している。ここでは，ビジネスにおけるグローバル化の課題についてみてみよう。

　まず，グローバル化が進むと，文化圏の異なる人との接点が多くなることが挙げられる。相手の文化を理解し，尊重することが重要となる。ビジネスを行う際，異なる文化の国で自国のやり方を他国に持ち込んでも成功するとは限らない。(b)それぞれの国の文化や習慣に適切に対応することが必要となるだろう。

　次に，グローバル化によって企業の生産拠点が海外に移転することである。日本においては，人件費の安い外国への工場移転によって産業の空洞化が起こるケースが多く，1980年代後半から問題視されている。

　このように，グローバル化の進展はビジネスチャンスの増加と捉えられる一方で，それにともなう課題も生じている。これらの課題を解決するためのさまざまな取り組みも行われている。取り組みの成果に期待したい。

問1．下線部(a)の要因として，次のなかから適切ではないものを一つ選びなさい。

　ア．交通手段やＩＣＴの発達

　イ．各国に設けられていた商品や資本に関する規制の強化

　ウ．人の移動に関するさまざまな協定の締結

問2．下線部(b)を何というか，次のなかから正しいものを一つ選びなさい。

　ア．スタンダーダイゼーション　　イ．ノーマライゼーション　　ウ．ローカライゼーション

8 次の文章を読み，問いに答えなさい。

　A社は，「プロの品質とプロの価格」をうたい文句としているスーパーを運営している。創業当初は，飲食店経営者などを購買層とする業務用食品の小売店であったが，一般消費者向けのサービスを充実させたところ，商品が低価格であることもあり，一般消費者から支持されるようになった。また，A社はそのスーパーが有名となったため，スーパーの名称を(a)自己の商品や役務であることを示すために使用する標識として法律に基づいて登録している。

　A社の店舗は，地域によって直営店舗と(b)フランチャイズチェーンの店舗がある。各店舗の特徴として，ロイヤリティを仕入れの1パーセントと低く設定したり，出来るだけ安く仕入れるためにPB商品を導入したりするなど，利益を出しやすい運営を行っている。

　A社は流通も進化させている。取り扱う(c)商品がいつ，どの商品が売れたのかという販売情報を管理するシステムを導入し，商品数は約5,000〜6,000種類，過去の商品も含めると数万件に及ぶ商品の仕入れデータ，売上データ，各種マスターデータが基幹システムに蓄積されている。10年以上前に，そのデータの活用を目的としたシステムを導入し，さまざまなデータ分析を行っていることが今日の発展につながっているといえるだろう。

問1．下線部(a)を何というか，次のなかから正しいものを一つ選びなさい。

　ア．商標　　イ．特許　　ウ．意匠

問2．本文の主旨から，下線部(b)の説明として，次のなかから適切なものを一つ選びなさい。

　ア．一つの企業が多数の店舗を設け，商品の仕入れや広告などを本部でまとめて行い，仕入価格の引き下げや経費の節減を行う経営方式。

　イ．独自の商品や販売方式などを開発した企業が，自社の加盟店を募集し，商号の使用を認め，商品の供給や販売方式の指導などを行い，その対価を加盟店から受け取る経営方式。

　ウ．独立した多数の小売業者が，企業としての独立性を保ちながら協力して一つの大きな組織をつくり，商品の一括共同仕入を行う経営方式。

問3．下線部(c)を何というか，次のなかから正しいものを一つ選びなさい。

　ア．SPA　　イ．ロジスティクス　　ウ．POSシステム

9　次の文章を読み，問いに答えなさい。

　流通は時代によって，働きや機能を変化させてきた。ここでは，流通の歴史と発展をふり返ってみよう。

　原始社会の人々は，家族や氏族などの集団のなかで自ら生産し，自ら消費するという自給自足の生活を営んでいたため，流通という経済活動を必要としなかった。

　その後，生産用具や生産方法の発達によって，生産力が向上し，余剰生産物が生じた。そこで，(a)余剰生産物をほかの家族や氏族の余剰生産物と交換することが行われるようになった。これが流通のはじまりといわれている。その後，余剰生産物の交換は，祭礼のように人々が集まるときを利用して，一定の場所を利用して行われるようになった。この交換の場所を市という。

　しかし，余剰生産物の交換では，常に交換が成立するとは限らなかった。そこで，交換の道具として貨幣を用いるようになった。はじめは，交換の道具として，米・布・毛皮などのようにそれ自体に価値があるものが用いられていたが，やがて，金・銀・銅などの価値があり，保存や持ち運びに便利なものを用いるようになった。

　貨幣の出現により，貨幣を仲立ちとする交換（売買）はますます盛んになった。(b)人々は自分の得意とするものだけをつくり，生活に必要なものは余剰生産物を売って得た貨幣で購入するようになった。このように，生産物は商品の性格をもつようになった。

　生産量が増えてくると，生産者と消費者の間に立って仲介する商人が現れた。鎌倉時代のころには，商人は常設店舗を構えるようになった。

　(c)江戸時代には，各地の特産物の量や種類が増え，その流通は全国的な規模に広がっていった。そこで，商人の役割はますます重要になり，廻船業，両替商，問屋，蔵元，飛脚といった仕事に分化していくこととなった。

問１． 下線部(a)を何というか，漢字４文字で正しい用語を記入しなさい。

問２． 本文の主旨から，下線部(b)は何が行われているといえるか，次のなかから最も適切なものを選びなさい。

　ア．社会的分業　　イ．所有と経営の分離　　ウ．成果主義賃金制度

問３． 本文の主旨から，下線部(c)の要因は何か，次のなかから最も適切なものを一つ選びなさい。

　ア．行商による商いが行われるようになった。

　イ．輸送機器や通信機器が発達した。

　ウ．陸では交通網が整い，海上では航路が開かれた。

10　次の文章を読み，問いに答えなさい。

　企業の組織には，従業員を適材適所に配置し，業務を分担させるとともに，その業務を全体としてまとめるしくみが必要である。また，企業が成長していくと業務が多岐にわたり，分業する必要がでてくる。この分業に合わせて組織は形成される。では，そのような組織の種類を二つみてみよう。

　一つ目は(a)製造，営業，研究開発といった，仕事の内容で分けられた組織である。たとえば，この組織を採用している菓子メーカーであれば，製造部門の下にクッキーやアイスクリームなどの製造を担当する部門が置かれる。

　二つ目はテレビ事業部，冷蔵庫事業部といった生産している製品やサービス，関東や関西といった地域などで分けられた(b)事業部制組織である。日本では，1933年にM電器が「自主責任経営の徹底」「経営者の育成」を掲げ，この組織を導入した。「ラジオ」「ランプ・乾電池」「配線器具・合成樹脂・電熱器」などの部門ごとに事業部を分け，製品分野別の自主責任体制とした。M電器がこのような，画期的な組織をつくることができた理由は，M電器創業者によるところが大きい。創業者が(c)人をまとめたり，組織を先導したりする影響力を発揮したことにより，当時の成功につながったといえるだろう。

問1．下線部(a)を何というか，漢字3文字を補って正しい用語を完成させなさい。

問2．下線部(b)の利点は何か，次のなかから最も適切なものを記入しなさい。
　ア．部門の規模が大きいので規模の経済が発揮できる。
　イ．設備や人員が重複しないので無駄が発生しない。
　ウ．その部署に判断を任せることができるので消費者ニーズや技術の進化にすばやく対応できる。

問3．下線部(c)を何というか，次のなかから最も適切なものを一つ選びなさい。
　ア．リーダーシップ　　イ．企業家精神　　ウ．豊かな人間性

11　次の文章を読み，問いに答えなさい。

　雇用に関する新たな取り組みを行う企業がある。近年の航空業界の新たな取り組みについてみてみよう。

　Ａ社は大手航空会社である。Ａ社は，キャビンアテンダント（以下ＣＡ）の採用において，1994年までは新規採用者を(a)正社員として採用していた。しかし，バブル経済崩壊後の1995年からは，(b)契約社員としての採用に切り替えた。この契約は，当初の３年間は契約社員として雇い入れ，４年目を迎える際，本人の意向などを確認したうえで，希望者を正社員として受け入れるというものである。希望者の大半が正社員になることができ，３年の間，健康保険や厚生年金，住宅手当といった福利厚生制度や，有給休暇，育児休業などの扱いは，４年目以降の正社員とほぼ同じであった。しかし，2014年からは，長期雇用を見据えて，ＣＡの約４分の１を占めていた契約社員の採用制度を廃止し，入社１年目からの正社員の雇用へと再び切り替え，現在に至っている。

　2021年，新型コロナウイルス感染症の影響でＡ社の経営状況が悪化し，賃金を３割減にしたり，400人以上の社員をグループ外の企業に出向させたりした。退職した社員もいたというが，退職から５年以内であれば正社員として復職できる「カムバック制度」が発表された。これらは雇用を守るための措置であった。

　また，2022年からは，グループ内での転籍によって，地方への移住を認める「ワークプレイス選択制度」を導入するという。これは，(c)働き方の見直しなどを通じて，多様な働き方や生活様式を確立し，一人ひとりが意欲を持って働きながら，同時に豊かな生活も送れるようにしようという考え方を推進したものといえるだろう。

　Ａ社の経営に対する新型コロナウイルス感染症の影響は計り知れないが，このように社員に対してさまざまな取り組みを行っているＡ社の復活は期待できるものだろう。

問１．下線部(a)の説明として，次のなかから適切なものを一つ選びなさい。
　ア．所定労働時間が短く，時間給制や日給制が多いため賃金が比較的低い労働者。
　イ．雇用契約を結んだ会社から，その会社以外の会社に指示されて働く労働者。
　ウ．雇用契約の期間の定めがなく，長期雇用を前提とした待遇や人事制度のもと働く労働者。

問２．本文の主旨から，下線部(b)の理由の一つとして，次のなかから最も適切なものを一つ選びなさい。
　ア．社員を企業内で教育し，その企業の業務に合わせた能力を身に付けさせる時間が必要だから。
　イ．業績が良いときは雇いやすく，業績が悪ければ人員整理しやすいから。
　ウ．多様な働き方を希望する人が増え，それに応えるには正社員では難しいから。

問３．下線部(c)を何というか，次のなかから正しいものを一つ選びなさい。
　ア．ダイバーシティ　　　イ．ワークライフバランス　　　ウ．テレワーク

12 次の文章を読み，問いに答えなさい。

　観光地としての魅力を高めるための活動を観光地経営という。観光地経営には，観光地のプロモーションや観光地のサービス改善などさまざまな活動が含まれる。その重要な担い手として，史跡，自然，食，芸術・芸能，風習，風俗など地域にある観光資源に精通し，地域と協同して観光地づくりを行うなど，(a)旅行者にとって魅力的な観光地をつくることを目的とした組織の活動が注目されている。

　A県北部にあるB公苑は外国人観光客に人気の観光施設である。そこでは，露天風呂に入るニホンザルの姿を観察できる。観光に関する取り組み後には，B公苑に年間約8万人の外国人観光客が訪れるようになったが，以前は地域全体での外国人宿泊延者数は約2.7万人，C温泉郷では，1万数千人に留まっていたという。それでは，観光客に人気となった取り組みをみてみよう。

　その取り組みの中心となったのはD社である。D社は，この地域が魅力的になるような活動を行った。たとえば，かつてC温泉郷のメイン通りには，旅館やみやげ屋などが建ち並んでいたが，非稼働の店舗も多かった。そうした非稼働の店舗を魅力的な観光地づくりに利用した。(b)旧青果店をビアバー＆レストランにしたり，旧旅館を安価に宿泊できるホステルにしたりするなど，観光客にとって魅力的になるように大規模な改築を施した。地域の文化などを踏まえ，インバウンド需要に必要な機能である「食」や「宿泊」を補完するなど，さまざまな活動を行ったのである。

問1．下線部(a)を何というか，次のなかから適切なものを一つ選びなさい。
　ア．IR　　イ．SDGs　　ウ．DMO

問2．本文の主旨から，下線部(b)を何というか，カタカナで正しい用語を記入しなさい。

13 次の一連の文章〔Ⅰ〕・〔Ⅱ〕を読み，それぞれの問いに答えなさい。

〔Ⅰ〕株式会社秀才アカデミー（以下，秀才アカデミー）は主に小中学生を対象とした学習塾を運営している。要望が多いオンライン授業を開講するため，タブレット端末を購入することとなった。以下は，秀才アカデミーがタブレット端末20台を購入するために，業者を選定し，売買契約を締結するまでの事例を示したものである。

令和4年11月4日　秀才アカデミーはコンピュータ機器を取り扱う販売業者である株式会社実務商工（以下，実務商工）と，株式会社北芝テック（以下，北芝テック）に，(a)商品の規格・数量や代金決済方法などの取引条件を示し，価格を問い合わせる書類を作成し，送付した。

　　11月8日　次のように，2社から見積書を受け取った。タブレット端末は同じ仕様で依頼したので，より安く購入することができるのはどちらの業者か検討した。

No.222

見　積　書

令和4年11月8日

（住所省略）

株式会社秀才アカデミー　御中

（住所省略）

株式会社実務商工　［印］

下記のとおりお見積りいたします。

納入期日	令和4年12月30日	運搬方法	自動車便	支払条件	着荷後約束手形振出し（支払期日1か月後）	
納入場所	買い手指定場所	運賃諸掛	売り手負担			
品名		数量	単価(税込)		金額(税込)	
Orange pad		20	33,000		（各自計算）	
初期設定費用		20	5,500		（各自計算）	
合　計					（各自計算）	

見積有効期限　令和4年12月8日　　　係印　（押印略）　（押印略）

No.333

見　積　書

令和4年11月8日

（住所省略）

株式会社秀才アカデミー　御中

（住所省略）
株式会社北芝テック　印

下記のとおりお見積りいたします。

納入期日	令和4年12月30日	運搬方法	自動車便	支払条件	着荷後約束手形振出し（支払期日1か月後）	
納入場所	買い手指定場所	運賃諸掛	売り手負担			
品名		数量	単価（税込）		金額（税込）	
Orange pad		20	30,000		（各自計算）	
初期設定費用		20	6,000		（各自計算）	
合　　計					（各自計算）	
見積有効期限　令和4年12月8日			係印	（押印略）	（押印略）	

11月9日　(b)担当者で会議を行い，見積書に記載された合計金額の安い業者から購入することを決定した。そして，そのことを伝えるため，注文書を作成して購入する業者に送付した。

11月12日　(c)注文請書を決定した業者から受け取った。

問1．下線部(a)を何というか，漢字5文字で正しい用語を記入しなさい。

問2．本文の主旨から，下線部(b)で決定した業者はどれか，次のなかから正しいものを一つ選びなさい。
　ア．株式会社北芝テック　　イ．株式会社実務商工　　ウ．株式会社秀才アカデミー

問3．下線部(c)の説明として，次のなかから適切なものを一つ選びなさい。
　ア．注文を受けることを承諾したことを相手に伝えるための書類
　イ．注文書が到着したことを伝えるための書類
　ウ．注文した商品の在庫があることを伝えるための書類

文章〔Ⅱ〕とそれに関する問いは，次のページにあります。

〔Ⅱ〕秀才アカデミーは，令和4年11月末に売買契約の締結を済ませ，タブレット端末が届けられることになった。以下は，秀才アカデミーに購入したタブレット端末が届けられ，代金を支払うまでの売買契約が履行された流れを示したものである。

令和4年12月5日　本日，タブレット端末が届けられた。秀才アカデミーは，タブレット端末の検収を行い，不備がなかったので，物品受領書に押印して送付した。

　　　12月10日　秀才アカデミーは，下記の(d)約束手形に必要事項を記入し，1か月後に支払う条件で，印紙税法による規定金額の収入印紙を貼って記名・押印後，購入業者に渡した。

令和5年1月16日　秀才アカデミーは購入先業者に振り出した約束手形の支払期日が近づいたので，(e)当座預金の残高を確認したところ残高は十分であった。
　　　　　　　　残高を確認したのは万一，(f)振り出した約束手形が，支払期日に当座預金口座の残高が不足して，所持人への支払いが拒絶されることになると，以降の銀行取引に影響を与えるからである。

　　　1月18日　秀才アカデミーが購入業者に振り出した約束手形の支払期日となり，口座の残高から無事に引き落とされた。

〈資　料〉

会社名	取引銀行
株式会社北芝テック	日向銀行宮崎支店
株式会社実務商工	肥前銀行佐賀支店
株式会社秀才アカデミー	筑後銀行福岡支店

問4．下線部(d)の利点として，次のなかから最も適切なものを一つ選びなさい。

　ア．振出人が売掛金のある得意先に対して，代金の支払いを委託することができる。

　イ．多額の現金を手元に置かなくてもよく，紙幣の数え間違いも防ぐことができる。また，受け取ったらただちに換金することができる。

　ウ．代金の支払い期限を延長することができ，資金の準備にゆとりができる。

問5．下線部(e)のようにいつでも引き出しができる預金を何というか，正しい用語を完成させなさい。

問6．下線部(f)を何というか，次のなかから正しいものを一つ選びなさい。

　ア．約束手形の割引　　イ．約束手形の裏書き　　ウ．約束手形の不渡り

第4回
商業経済検定模擬試験問題
［ビジネス基礎］

解答上の注意

1．この問題のページはp.70からp.83までです。

2．解答はすべて別紙解答用紙(p.123)に記入し
なさい。

3．文字または数字で記入するもの以外はすべて
記号で答えなさい。

4．計算用具などの持ち込みはできません。

5．制限時間は40分です。

1　次の(1)～(5)に最も関係の深いものを解答群から選びなさい。

(1)　選択肢が複数あるときに，どれかを選択したら，ほかをあきらめなければならない状態。

(2)　ある選択をした際に，選択しなかったほうから得られたであろうと考えられる価値。

(3)　店舗では実物を確認するだけで，実際の購入はインターネットで行うという消費者の行動。

(4)　小売業がすべての販売経路を統合して，消費者がいつでもどこでも商品が買えるようにするしくみ。

(5)　2015年の国連サミットで採択された，持続可能な開発目標。

　解答群
ア．オムニチャネル　　イ．ＳＤＧｓ　　ウ．ショールーミング　　エ．機会費用
オ．トレード・オフ

2　次の(1)～(5)のうち，条件に当てはまるものにはＡを，それ以外にはＢを記入しなさい。ただし，すべてに同一の記号を記入した場合は５問全部を無効とします。

　条件　非正規雇用となるもの

(1)　派遣先企業に派遣されて働く派遣社員

(2)　雇用契約の期間の定めがなく，長期雇用を前提とした正社員

(3)　数か月や一年など期間を定めた雇用契約を結んでいる契約社員

(4)　労働時間が短く，時給制で働くアルバイト・パートタイム労働者

(5)　他社の仕事を受注する請負契約を結んだ請負労働者

③ 次の(1)～(5)の 　　　 に当てはまるものを解答群から選びなさい。

　近年，日本の人口は減少に転じ，都市部以外の地域では人口の流出が大きな問題となっている。人口減少が進んだ地域では，利用者の減少により公共交通機関の維持が難しくなっており，自家用車の相乗りサービスである 　(1)　 や自動運転技術などの推進が求められている。また，後継者を確保できないことから， 　(2)　 が困難になって廃業する企業が増加しているという影響もみられる。

　このような状況に対して，国や地方自治体は，地域での就業をあっせんするなど，さまざまな取り組みを通して 　(3)　 といわれる地域の活性化を目指している。 　(1)　 は，その具体例の一つであり，地域独自の魅力を掘り起こし，内外の人々に向けてわかりやすく伝える活動である。そのなかでも，特に観光地としての魅力を高めるための活動を観光地経営といい， 　(5)　 は，旅行者にとって魅力的な観光地をつくることを目的とした組織であり，観光に関わる幅広いステークホルダーの意見を調整する役割が求められている。

解答群
ア．地域ブランディング　　イ．DMO　　ウ．ライドシェア　　エ．事業承継
オ．地方創生

④ 次の(1)～(5)について，下線部が正しい場合は〇を記入し，誤っている場合は解答群から正しいものを選び記号で答えなさい。ただし，すべてに〇を記入した場合は5問全部を無効とします。

(1)　¥600,000の15%引きは，¥90,000である。

(2)　冷蔵庫を¥40,000で仕入れ，仕入諸掛¥2,000を支払い，仕入原価の10%の利益を見込んで予定売価をつけた。この冷蔵庫の予定売価は¥46,000である。

(3)　$1＝¥110のとき，$440は¥48,400となる。

(4)　元金¥100,000，年利率3％，1年1期で3年間貸し付ける場合，単利と複利では，複利のほうが利息は大きくなる。

(5)　日数計算において，片落としでは，貸付日と返済日のいずれも日数として計算に加える。

解答群
ア．両端入れ　　イ．単利　　ウ．510,000　　エ．40,000　　オ．46,200

5 次の文章を読み，問いに答えなさい。

　以下は，A商事に勤める長村さんが，取引先の田村さんからかかってきた(a)電話に対応した際のやり取りである。

　　（着信音が2回鳴る）
　長　村：はい，A商事営業部の長村でございます。
　田　村：私，B百貨店の田村と申します。いつもお世話になっております。
　長　村：B百貨店の田村様でいらっしゃいますね。こちらこそ，いつもお世話になっております。
　田　村：恐れ入りますが，横江部長をお願いできますでしょうか。
　長　村：申し訳ございません。(b)横江部長はただいま席を外しております。あと1時間ほどで戻ってまいりますが，いかがいたしましょうか。
　田　村：そうですか…。それではお手数ですが，伝言をお願いしてもよろしいでしょうか。
　長　村：承知いたしました。メモを準備いたしますのでしばらくお待ちください。
　　（メモの準備をする）
　長　村：お待たせいたしました。どうぞ。
　田　村：明日の打ち合わせの件ですが，10時にお越しいただくお約束を11時に変更していただきたいとお伝えください。
　長　村：かしこまりました。(c)明日，　　　　　へお伺いする時間を10時から11時に変更とのことでございますね。ご用件は以上でよろしいでしょうか。
　田　村：はい，その通りで結構です。では，よろしくお願いいたします。
　長　村：かしこまりました。必ず申し伝えます。私，長村が承りました。お電話ありがとうございました。失礼いたします。

問1．下線部(a)のような媒体を使用したビジネス上のコミュニケーションを何というか，次のなかから適切なものを一つ選びなさい。
　ア．インフォーマルコミュニケーション
　イ．間接的コミュニケーション
　ウ．ノンバーバルコミュニケーション

問2．下線部(b)の言葉遣いとして，次のなかから最も適切なものを一つ選びなさい。
　ア．上司であっても，自社の社員については役職をつけるべきではない。
　イ．自分自身の上司であるので，役職をつけて呼ぶことは正しいといえる。
　ウ．部長のような中間管理者には役職をつけないほうがよく，社長などの経営者には役職をつけるほうがよい。

問3．下線部(c)のように，相手の話したことの要点を声に出して確認することを何というか，漢字2文字で正しい用語を記入しなさい。

問4．本文の主旨から，文中の ☐ に入る言葉として，次のなかから最も適切なものを一つ
　　選びなさい。

　ア．B百貨店　　イ．弊社　　ウ．御社

問5．本文の主旨から，今回の長村さんの電話対応の反省点について，次のなかから適切なもの
　　を一つ選びなさい。

　ア．着信音が2回鳴ってから電話を取ったので，名乗る前にまずは「お待たせいたしました」
　　と言うべきであった。

　イ．打ち合わせの時間変更という内容は，実際に関係する人と直接話してもらうべき内容なの
　　で，伝言を受けるべきではなかった。

　ウ．伝言を受ける際には相手を待たせないように，電話を受ける段階でメモの準備をしておく
　　べきであった。

6 次の文章を読み，問いに答えなさい。

　みなさんのなかには，コンビニエンスストアで頻繁に買い物をする人もいるのではないだろうか。コンビニエンスストアは，食料品や日用品といった生活必需品を中心に取り扱い，24時間営業を始めとした長時間かつ年中無休で営業していることが特徴の小売店である。今日では多くの業態の小売店で見られるようになった(a)商品のバーコードを読み取り，販売時点での情報管理を行うシステムをいち早く取り入れたことも，コンビニエンスストアの特色であった。

　最近のコンビニエンスストアは，ものとしての商品を販売するだけではなく，サービスの提供も行っている。古くからあるセルフコピー機の導入に始まり，銀行ＡＴＭの設置やオンラインでのチケットサービスの提供ほか，住民票の写しや印鑑証明書の発行なども可能になっている。また，(b)ＰＢ商品を充実させ，イートインスペースやセルフレジを設置する店舗も増えるなど，日々進化がみられる。

　全国的に展開しているコンビニエンスストアチェーンの多くは，(c)本部となる企業が加盟店を募集し，加盟店に対して商品の供給や経営の指導を行う見返りに，ロイヤリティを受け取る方式を取り入れている。近年，コンビニエンスストアの新規出店数は鈍化傾向で，市場は頭打ちともいわれている。コンビニエンスストアの今後に注目される。

問１．下線部(a)を何というか，アルファベット３文字を補って正しい用語を完成させなさい。

問２．下線部(b)の特徴として，次のなかから適切なものを一つ選びなさい。
　ア．小売業が商品企画をしてつくる商品であり，小売業にとっては利益率が高い。
　イ．大手メーカーが商品企画をしてつくる商品であり，全国的な広告が展開される。
　ウ．卸売業が商品企画をしてつくる商品であり，異なるコンビニエンスストアチェーン間でも同一の名称で販売される。

問３．下線部(c)を何というか，次のなかから正しいものを一つ選びなさい。
　ア．ボランタリーチェーン　　イ．フランチャイズチェーン　　ウ．コーポレートチェーン

7 次の文章を読み，問いに答えなさい。

　インターネットの普及にともない，私たちの生活においても通信販売の利用数が増えてきており，物流業に求められる役割が大きくなってきている。物流業は，ものの輸送と保管を担うビジネスであり，その主な活動には輸送，保管以外にも，(a)包装，流通加工，荷役などがある。

　商品の輸送は，さまざまな手段によって行われている。私たちの家庭への小口商品の配送では，トラックを利用した自動車輸送が中心になっているが，都市と都市とを結ぶ中長距離の大量輸送では，鉄道輸送が適している。また，日本は，周囲を海で囲まれている特性上，外国貿易においては航空輸送や船舶輸送が不可欠となる。とくに，石油などの大量の原材料を運ぶためには，石油タンカーなどの専用船が(b)不定期船として使用されている。

　このように，さまざまな手段によって行われている商品の輸送であるが，一つの輸送手段だけで完結するのではなく，複数の輸送手段を組み合わせることで，それぞれの長所を活かして効率化を図る取り組みが進められている。たとえば，トラックによる自動車輸送は，機動性にすぐれる反面，一度に運べる荷物量がほかの輸送手段に比べて少なく，それを補うために，より多くのトラックが必要になる。すると，排気ガスなどの環境面での影響やドライバーの労働状態など，さまざまな問題が発生してしまう。そこで，(c)自動車で行われている輸送を，環境負荷が小さく，輸送効率が高い船舶や鉄道での輸送と組み合わせる取り組みが広がってきている。なお，1トンの貨物を1km運ぶときに排出されるCO_2の量は，トラックが225gであるのに対し，鉄道は18g（約13分の1），船舶は41g（約5分の1）とされている（2019年度，国土交通省）。

問1．下線部(a)の説明として，次のなかから適切なものを一つ選びなさい。
　ア．包装は，倉庫内と倉庫外との間で荷物を出し入れする活動である。
　イ．流通加工は，商品の切断や再包装，組み立てなどをする活動である。
　ウ．荷役は，保護材などで商品の形状を整え，効率的に運べるようにする活動である。

問2．下線部(b)を何というか，次のなかから正しいものを一つ選びなさい。
　ア．ライナー　　　イ．トランパー　　　ウ．フレイター

問3．下線部(c)を何というか，次のなかから正しいものを一つ選びなさい。
　ア．シーアンドエア　　　イ．モーダルシフト　　　ウ．フレートライナー

8 次の文章を読み，問いに答えなさい。

　令和4年，大手A銀行が一定枚数以上の硬貨の預け入れなどの際に手数料を取ることにしたというニュースが大きな反響を呼んだ。硬貨1枚の額面金額は少額であり，まとまった枚数を預け入れると，手数料のほうが高額になることがあるため，A銀行はこの決定をした。実際，お賽銭として大量の硬貨を扱うある神社が，銀行に預けた際に多額の手数料を支払わなければならないことを避けるために，おつり用の小銭として硬貨を求める商店に対して両替サービスを行ったという事例もある。銀行のあり方が今後ますます注目されていくことだろう。

　このように，銀行は私たちや企業などの資金を預かり，一定の利息を預金者に支払う業務を行っている。預金にはさまざまな種類があり，大きく分けて要求払い預金と(a)定期性預金がある。一方，銀行が預かった資金は，資金を必要としている企業や家計に貸し出され，その対価として一定の利息を銀行は受け取っている。その一つに，(b)企業が持っている手形を，支払期日前に銀行が買い取ることで，その企業に対して資金を融通するしくみがある。また，今日では日本中の銀行をはじめとした金融機関がオンラインで結ばれており，相互に資金移動をすることが可能になっている。(c)遠隔者に対して，振り込みなどで代金決済が行うことができるのも，銀行の業務の一つが機能している。

問1．下線部(a)の説明として，次のなかから適切なものを一つ選びなさい。
　ア．銀行の窓口やATMなどでいつでも預金の引き出しができる。
　イ．一定期間は原則として預金を引き出すことができない。
　ウ．小切手や約束手形を振り出すために必要な預金である。

問2．下線部(b)を何というか，次のなかから正しいものを一つ選びなさい。
　ア．手形の割引　　イ．手形の不渡り　　ウ．手形の遡求

問3．下線部(c)を何というか，次のなかから正しいものを一つ選びなさい。
　ア．預金業務　　イ．貸出業務　　ウ．為替業務

問4．本文の主旨から，今日の銀行にどのような特徴があるか，次のなかから適切なものを一つ選びなさい。
　ア．金利が低く抑えられていることから，銀行が支払う利息と受け取る利息の差が小さくなり，利用者から受け取る手数料によって収益を上げるようにしている。
　イ．まとまった枚数の硬貨を預け入れる人が多くなっているため，強制通用力の制限を変えようとしている。
　ウ．神社や街の商店などが，銀行に代わって預金の預け入れを行うようになったため，銀行にとってのライバルとなってきている。

9　次の文章を読み，問いに答えなさい。

　日本の私企業の多くは株式会社の形態をとっており，企業全体の約95％を占めている。株式会社は，経営に必要な資金を，株式を発行することで調達している。この株式を保有している出資者を株主といい，株主になることで(a)株主総会に参加する権利や，会社が得た利益から配当を受ける権利を得ることができる。一般的に，株式会社の創業時点など，企業としての規模が小さいうちは，株主が直接経営に携わることも多くみられる。しかしながら，(b)会社の規模が大きくなるにつれて，経営に対してより専門的な知識が必要とされることが多くなることから，株主と経営者が別々の人になる傾向がある。

　株式会社以外の会社には，(c)持分会社である合名会社，合資会社，合同会社がある。いずれの会社も，その占める割合は企業全体の１％にも満たないものであるが，設立の際の手続きや費用などの面で違いがある。

　また，(d)個人や比較的小規模な事業者が，共通の目的のために，相互扶助の精神で，営利を目的としない事業を行う企業もある。

問１. 下線部(a)の説明として，次のなかから正しいものを一つ選びなさい。
　ア．会社の最高意思決定機関で，取締役を選任し，事業や経営の基本方針を決定する。
　イ．業務執行の方針を決定し，その執行を監督する。
　ウ．業務執行や会計処理が適正に行われているかどうかをチェックする。

問２. 下線部(b)を何というか，解答欄に漢字を補って正しい用語を記入しなさい。

問３. 下線部(c)の説明として，次のなかから正しいものを一つ選びなさい。
　ア．合名会社の出資者は２名以上である。
　イ．合資会社の出資者の責任範囲は，全員が無限責任である。
　ウ．合同会社の出資者は少数で，責任範囲はいずれも有限責任である。

問４. 下線部(d)を何というか，次のなかから正しいものを一つ選びなさい。
　ア．労働組合　　イ．協同組合　　ウ．公企業

⑩ 次の文章を読み，問いに答えなさい。

　商品の価格がどのように変化するのかを，需要と供給の観点から考えてみよう。一般に，商品の買い手は，より安い価格で買いたいと思う気持ちが強く，商品の売り手は，より高い価格で売りたいと思う気持ちが強い。そのため，需要量と供給量は価格によって増減することになり，最終的に商品の価格は，需要量と供給量が一致する点で決まることになる。

　ところで，買い手の気持ちや売り手の気持ちとは別の理由で，商品の価格が変化する場合があることにも注意しなければならない。たとえば，早い梅雨入りや大雨，台風，低温などは，野菜の収穫に大きな影響を与える。すなわち，天候不順によって野菜の収穫量が減ると，同じ価格のままでは，供給できる量が減少するのである。そのため，(a)需要量と供給量が一致する点も変化し，野菜の価格も変化することになるのである。

問１．本文の主旨から，需要曲線はどのようにあらわされるか，次のなかから適切なものを一つ選びなさい。

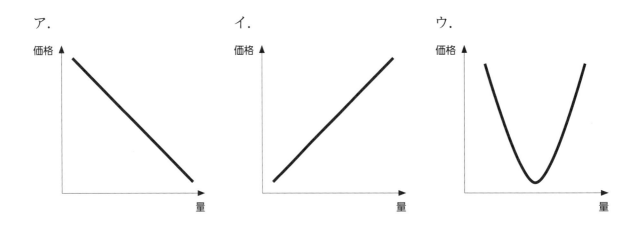

問２．本文の主旨から，下線部(a)において需要曲線と供給曲線はどのように変化したため，野菜の価格がどのようになったのか，次のなかから適切なものを一つ選びなさい。
　　ア．需要曲線が右にシフトしたため，野菜の価格は上昇した。
　　イ．供給曲線が右にシフトしたため，野菜の価格は下落した。
　　ウ．供給曲線が左にシフトしたため，野菜の価格は上昇した。

11　次の文章を読み，問いに答えなさい。

　　A社は，電気設備，食品流通，空調，家電などの幅広い分野においてビジネスを行っている。このように，A社のビジネスは多種多様な領域に広がっており，自社の強みや技術を本来の領域とは別のものにも活用することで，さらなる利益を得ることができている。すなわち，(a)扱っている製品別に部署を分けることで，それぞれの製品について，より専門性の高い人材を集め，よりその製品の品質を高めるとともに，新製品の開発や営業についても，各部署の責任者に任せることで，より効率的な企業経営を可能にしているのである。

　　組織を運営するうえでは，リーダーは部下のやる気をいかにして引き出すかが，成功のカギとなる。では，部下のやる気を引き出すためには，どのような方法が考えられるであろうか。たとえば，仕事をがんばり，成果を上げることによって，得られる給料が上がるとしたら，多くの部下はやる気を出すだろう。また，部下にとっても，リーダーから与えられた仕事を単にこなしていくよりも，(b)新たな仕事に対して責任と裁量を与えられて，自分の考えや工夫によって自由に進めていくことができるとするなら，それもまたやる気が出るに違いない。

　　組織においては，特定の目標を実現するために期限を区切って遂行するプロジェクトと呼ばれる取り組みがある。プロジェクトは，日常の手順が決まっているルーティンワークと呼ばれる作業とは異なり，プロジェクト・マネジメントを適切に行い，期待される成果を上げなければならない。そのために用いられる技術の一つに，(c)計画，実行，評価，改善の四つの段階を意識して，業務を改善していく方法が用いられる。

問１．本文の主旨から，下線部(a)のような組織を何というか，次のなかから適切なものを一つ選びなさい。
　　ア．事業部制組織　　　イ．職能別組織　　　ウ．機能別組織

問２．本文の主旨から，下線部(b)のような動機付けを何というか，次のなかから適切なものを一つ選びなさい。
　　ア．外発的動機付け　　　イ．偶発的動機付け　　　ウ．内発的動機付け

問３．下線部(c)を何というか，アルファベット４文字を補って正しい用語を完成させなさい。

12 次の文章を読み，問いに答えなさい。

　売買取引が行われる際には，売り手と買い手の間で，売買に関する契約が必要になる。具体的には，さまざまな条件についてあらかじめ取り決めてから(a)売買契約を結び，その後，実際に契約通りに内容を実行することが求められる。

　このように，売買契約を結ぶにあたり取り決めておく条件には，商品と品質をはじめ，取引数量や価格，商品の受け渡し方法や代金決済の方法などいくつかの項目が挙げられる。そのなかでも，代金決済の方法について注目すると，引き換え払いや(b)掛け払いといった方法がみられる。

　売買契約の内容は，後日の紛争を避けるために，書類に残しておくことが一般的である。下の書類は，商品を注文する際に買い手から売り手へ送られる「注文書」であるが，この書類によって，確実に売り手に意思を伝えることができ，注文した商品の内容や数量，金額なども記載されていることから，これらについて誤りがあったときにも，再度確認することができるのである。一方，注文書を受け取った売り手は，(c)その注文を承知したことを買い手に伝える書類を送付することで，この売買取引に関するおたがいの意思が合致したことになり，この段階で売買契約が成立することとなる。

No.20

注 文 書

令和○年6月5日

東京都台東区下野1-10-8

関西電気株式会社　東京支社　御中

東京都中央区中神田4-2-5

関東家電株式会社　印

下記のとおり注文いたします。

納入期日	令和○年6月20日	運搬方法	自動車便	支払条件	着荷後7日以内振込
納入場所	買い手倉庫	運賃諸掛	売り主・買い主・負担		

品名	数量	単価(税抜)	金額(税抜)・税込
3ドア冷蔵庫(KR245)	10	101,000	1,010,000
以 下 余 白			

合　　計			￥1,010,000

税率　10%	消費税額　￥101,000	振込合計金額	￥1,111,000
		係印	

問1．下線部(a)を何というか，漢字2文字を補って正しい用語を完成させなさい。

問2．下線部(b)の説明として，次のなかから適切なものを一つ選びなさい。
　ア．商品の受け渡し後，契約の際に決めた回数に分けて商品代金を支払う方法。
　イ．売買契約を確実に実行するために，商品の受け渡しよりも先に，商品代金の一部または全部を支払う方法。
　ウ．継続的な取引関係において，あらかじめ決めておいた締切日までの商品代金を，支払日にまとめて支払う方法。

問3．下線部(c)を何というか，次のなかから正しいものを一つ選びなさい。
　ア．注文請書　　イ．納品書　　ウ．請求書

13 次の文章を読み，問いに答えなさい。

　企業における売買取引では，代金決済の方法として小切手が使われることがある。
　下の小切手は，株式会社多和田商事から，株式会社夏目製作所へ￥300,000分の商品代金の支払いとして令和〇年1月23日に振り出された小切手である。

```
A185263                        小 切 手              銀行番号
                                                    （省略）

    支払地      名古屋市北区上心2丁目46番地
         株式
(a) 会社      尾張銀行上心支店

    金額            A

    上記の金額をこの小切手と引き替えに持参人へお支払いください。

        拒絶証書不要
    振出日    令和〇年1月23日              名古屋市北区上心1丁目35番地
                                         株 式 会 社　多和田商事
                                                                    印
    振出地    名古屋市北区          振出人    取締役社長　多和田淳二
```

問1．下線部⒜について，この記載事項の説明として，次のなかから適切なものを一つ選びなさい。

　ア．多和田商事の当座預金口座がある銀行についての記載である。

　イ．夏目製作所の当座預金口座がある銀行についての記載である。

　ウ．多和田商事が信用できる企業であることを保証している銀行についての記載である。

問2．小切手の金額欄の　A　に入る金額の記入方法として，次のなかからふさわしくないものを一つ選びなさい。

　ア．チェックライターを使って，「￥300,000※」と印字する。

　イ．消えないインクのペンを使い，手書きで「￥300,000－」と記入する。

　ウ．消えないインクのペンを使い，手書きで「金参拾万円也」と記入する。

問3．小切手の左上にある二本線の説明として，次のなかから適切なものを一つ選びなさい。

　ア．線引小切手であることをあらわしており，小切手の不正使用を防ぐことができる。

　イ．自行あて小切手であることをあらわしており，銀行が振出人となる。

　ウ．不渡り小切手であることをあらわしており，持参人に金額の支払いがされない。

第36回（令和３年度）商業経済検定試験問題

［ビジネス基礎］

解答上の注意

１．この問題のページはp.86からp.99までです。

２．解答はすべて別紙解答用紙（p.125）に記入し
　　なさい。

３．文字または数字で記入するもの以外はすべて
　　記号で答えなさい。

４．計算用具などの持ち込みはできません。

５．制限時間は40分です。

1　次の(1)～(5)に最も関係の深いものを解答群から選びなさい。

(1)　駅前や人通りが多いところに自然発生的に形成した小売業者の集まりで，近年は，後継者不足や経営効率悪化などの課題もあるが，地域に根ざした経営をしている商業集積。

(2)　単一の企業が各地に同じ形態または類似した多数の店舗を開設し，本部で一括仕入や在庫管理，広告などを集中的に行うことで，仕入価格の引き下げや経営の効率化を図る組織。

(3)　ディベロッパーと呼ばれる専門の開発業者が，計画的に建設・運営する商業施設で，消費者にワンストップショッピングの利便性を提供している商業集積。

(4)　コンビニエンスストアや飲食店に多くみられ，本部が加盟店を募集し，商号の使用を認め，商品の供給や経営指導を行う代わりに，加盟店からロイヤルティー(権利使用料)を受け取る組織。

(5)　食料品や日用品販売などの業界に多くみられ，独立した多数の小売業者が，企業としての独立性を保ちながら共同で組織し，本部が一括仕入や保管を行い，経営の効率化を図る組織。

【解答群】
　ア．ボランタリーチェーン　　イ．商店街　　ウ．フランチャイズチェーン
　エ．ショッピングセンター　　オ．チェーンストア(コーポレートチェーン)

2　次の(1)～(5)のうち，条件に当てはまるものにはＡを，それ以外にはＢを記入しなさい。ただし，すべてに同一の記号を記入した場合は5問全部を無効とします。

【条件】　協同組合の内容

(1)　協同組合は，相互扶助の精神で協力してつくる企業形態である。

(2)　出資者である組合員は，出資額にかかわらず無限責任を負う。

(3)　協同組合は，一定額以上出資すればだれでも加入でき，脱退も自由である。

(4)　組合員総会での議決権は，出資額にかかわらず一人1票である。

(5)　協同組合の運営業務の執行は，取締役に委任される。

③ 次の(1)〜(5)の □□□ に当てはまるものを解答群から選びなさい。

　私たちの身の回りには多くの商品があり，生活用品と産業用品に大別することができる。

　生活用品は，一般消費者(以下，消費者)が購入する商品で，購買慣習によって次の三つに分類することができる。一つ目は，食料品や日用雑貨などのように低価格で消費者が日々の生活で頻繁に購入する (1) である。二つ目は，衣料品や家電製品などのように価格が比較的に高く消費者がいくつかの店舗をみて回り，品質やデザインなどを検討してから購入する (2) である。三つ目は，乗用車や楽器などのように購入頻度がきわめて少なく，時間を惜しまず慎重に検討し高価格でも購入する (3) である。

　産業用品は，企業が業務用に購入する商品で，おもに次の四つに分類することができる。一つ目は，家具を作る木材のように製品の主な素材となる (4) である。二つ目は，家電製品に組み込まれる半導体のように製品の一部を構成する部品である。三つ目はパン工場のオーブンのように生産に用いられる機械や工場内の温度を管理する空調機器などの (5) である。四つ目は，工場の機械を動かすための潤滑油のように製品を構成しないが，製造するために必要な消耗品である。

　一般的に，生活用品ついてはBtoC取引，産業用品ついてはBtoB取引が行われている。

【解答群】
　ア．専門品　　イ．原材料　　ウ．最寄品　　エ．設備　　オ．買回品

④ 次の(1)〜(5)について，下線部が正しいときは○を記入し，誤っているときは解答群から正しいものを選び記号で答えなさい。ただし，すべてに○を記入した場合は5問全部を無効とします。

(1) 金融機関が発行するキャッシュカードを利用する場合が多く，商品やサービスの利用代金を利用者の預金口座から即時に引き落とされる電子決済のしくみを<u>デビットカード</u>という。

(2) 海上輸送を利用する売買取引における取引価格の決め方のことで，船積み港で商品を本船に積み込むまでにかかる諸費用を，売り手が負担する取引価格を<u>CIF</u>価格という。

(3) 日曜大工用品を中心に取り扱い，そのほかに園芸用品や家庭用品などDIYに関連した商品を幅広く品ぞろえした小売商を<u>ホームセンター</u>という。

(4) ある期間の日数を計算する場合，例えば令和4年1月29日から令和4年2月6日までの期間の日数を両端入れで計算すると，<u>8</u>日となる。

(5) 仕入原価￥100,000の電動アシスト付自転車に，仕入原価の3割5分の利益を見込んで予定売価(定価)をつけると，予定売価は￥<u>103,500</u>になる。(ただし，消費税は考えない)

【解答群】
　ア．9　　イ．135,000　　ウ．プリペイドカード　　エ．FOB　　オ．ドラッグストア

5　次の文章を読み，問いに答えなさい。

　　Ａさんは，高校卒業後にＸ社へ入社した。Ｘ社では，新型コロナウイルスによる感染症対策のた
め，Ｗｅｂシステムを利用したオンライン研修を推進している。Ａさんが本日受けたビジネスマナ
ーの基本研修をみてみる。

　　はじめに，あいさつについて研修を受けた。あいさつは，人間関係のはじまりであり，正しい姿
勢で心をこめてお辞儀することが大切だと指導を受けた。またお辞儀には，(a)約15°の角度でお辞
儀をする会釈，約30°の角度でお辞儀をする普通礼，約45°の角度でお辞儀をする最敬礼の３つの形
があることを学んだ。

　　次に，敬語の使い方について研修を受けた。この研修では，敬語は相手への敬意や自分自身の誠
実さを伝えることができ，例えば取引先から帰る場合に「失礼いたします」と言うように(b)自分自身
をへりくだった言い方の敬語の使い方や，相手を立てる気持ちを表す敬語の使い方などについて学
んだ。

　　さらに，電話の対応についても研修を受けた。そこでは，電話のかけ方・受け方や(c)上司の佐藤
課長が外出しているときに，社外の人から佐藤課長あてに電話がかかってきた場合に，どのように
相手に伝えるのかも学んだ。

　　最後に，(d)お客様である取引先の担当者が，Ｘ社を訪問して応接室で商談を行う場面での対応に
ついて研修を受けた。はじめに，取引先の担当者を出迎える。その後，「ご案内いたします」と一声
かけて，自分は廊下の壁側を歩き，お客様に廊下の中央を歩いていだだき応接室まで案内する。応
接室に案内したら，取引先の担当者を上座に案内し，(e)上司とともに名刺を渡し名刺交換をしてか
ら，下座に座り商談をするように指導を受けた。そして，商談が終了したら上司とともに玄関まで
お見送りし「ありがとうございました」「お気をつけて」などとあいさつをするように研修を受けた。

　　Ａさんは，無事に本日のビジネスマナーの基本研修を受けることができた。その後もＡさんは，
書類作成の方法や事務用機器の操作方法に関する研修を受け，営業担当に配属された。

問１．下線部(a)はどのような場面で行うのか，次のなかから適切なものを一つ選びなさい。
　ア．お客様のお出迎え・お見送りや訪問先であいさつをする場面
　イ．式典や訪問先で感謝や謝罪をする場面
　ウ．廊下ですれ違うときや部屋の入室・退出をする場面

問２．本文の主旨から，下線部(b)を何というか，次のなかから適切なものを一つ選びなさい。
　ア．丁寧語　　イ．謙譲語　　ウ．尊敬語

問３．下線部(c)の対応として，次のなかから適切なものを一つ選びなさい。
　ア．「課長の佐藤は，あいにく外出しております」と伝える。
　イ．「佐藤課長は，あいにく席を外しています」と伝える。
　ウ．「課長の佐藤さんは，あいくに会社にいません」と伝える。

問4．下線部(d)におけるコミュニケーションを何というか，次のなかから適切なものを一つ選びなさい。

　ア．間接的コミュニケーション

　イ．インフォーマルコミュニケーション

　ウ．直接的コミュニケーション

問5．本文の主旨から，下線部(e)における名刺の渡し方として，次のなかから適切なものを一つ選びなさい。

　ア．X社の上司，Aの順に名乗りながら，名刺を相手が読める向きにして渡した。

　イ．X社のA，上司の順に名乗りながら，名刺を自分が読める向きにして渡した。

　ウ．X社の上司，Aの順に名乗りながら，名刺を個人情報保護のため裏面に向けて渡した。

6　次の文章を読み，問いに答えなさい。

　A社は，2010年に香川県に住むひとりの主婦が，家庭の悩みの一つを解決して，地域をつなげていきたいという思いから創業した企業である。

　子育て世代の家庭にとって，家計は節約したいところである。また，子どもの思い出のつまった学生服を捨てることができず，誰かに使ってもらいたいという母親の思いから，全国初のどこにもなかったお店として，学生服の(a)リユース販売店を創業した。

　このA社の学生服のリユースのしくみは，顧客に身分証明書の提示を求め，卒業生から制服を買い取り，その制服を在籍している学校の生徒や保護者にしか販売しないように徹底していることに特徴がある。この取り組みは，その後マスコミで報道され，A社の取り組みに共感した人が，各地でパートナー店として，開業しており全国で60店舗の展開をしている。また，パートナーが開業するときには，独自のノウハウや(b)POSシステムの設置・使用方法の研修を実施している。

　このように10年前にはなかった学生服のリユース市場が，国連が提唱するSDGs（持続可能な開発目標）の効果をうみだし，各地のパートナーたちの手で年間約3億円市場まで成長し，捨てられるはずだった学生服約198トンの廃棄物削減につながっている。

問1．下線部(a)の説明として，次のなかから適切なものを一つ選びなさい。

　ア．破棄物を原材料やエネルギー源として再生利用すること

　イ．原材料の資源の量を減らし破棄物の発生を少なくすること

　ウ．使用済の商品やその部品を繰り返し使用すること

問2．下線部(b)の特徴として，次のなかから最も適切なものを一つ選びなさい。

　ア．異なる企業間でネットワーク接続をすることで，商品の仕入業務を円滑にすることができる。

　イ．販売数や販売価格を登録することで，在庫の管理や不足数を把握することができる。

　ウ．顧客情報をデータベース化することで，どの地域の顧客なのかを把握することができる。

7 次の文章を読み，問いに答えなさい。

　私たち一般消費者(以下，消費者)は，日々の生活でさまざまな商品を購入している。消費者は，商品を購入する際に価格をみて購入するかどうか考える。また，同じように生産者は販売価格を考え効率よく売ろうとしている。ここでは，市場価格の決まり方についてみてみる。

　まず一般的に市場価格は，(a)消費者が買いたいと思う欲求の量と生産者が売りたいと思う欲求の量の関係で決定する。消費者が買いたいと思う欲求の量が，生産者が売りたいと思う欲求の量より多くなると価格は上がり，逆に生産者が売りたいと思う欲求の量より少ないと価格は下がる。

　この関係は下図のように，(b)消費者が買いたいと思う欲求の量(D－D')と生産者が売りたいと思う欲求の量(S－S')をグラフに示すことができ，それぞれの曲線が交わる(それぞれの量が一致する)E点が価格となることもわかる。このように，価格は上下の変動しながら，消費者が買いたいと思う欲求の量と生産者が売りたいと思う欲求の量を一致させている。この動きを価格の自動調整という。

　令和3年は，「物価の優等生」といわれていたたまごが約7年ぶりの高値となった。これは，前年度における鳥インフルエンザによる鶏の大量殺処分による鶏の減少と，コロナ禍による家庭でのたまごの消費量が増えたといわれている。このように，私たちの身の回りにある商品の価格は，社会情勢や消費動向などからも影響していることがわかる。

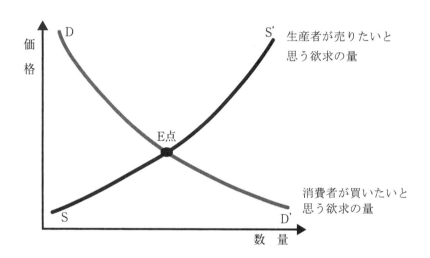

問1．下線部(a)を何というか，漢字2文字を補って正しい用語を完成させなさい。

問2．本文の主旨から，下線部(b)の価格を何というか，次のなかから適切なものを一つ選びなさい。
　ア．均衡価格　　イ．平均価格　　ウ．基準価格

8　次の文章を読み，問いに答えなさい。

　こんにちの経済活動のなかで流通は重要な役割を担っている。流通は時代によって，働きや機能を変化させてきた。ここでは，流通の歴史と発展についてみてみる。

　原始時代に人々は，家族や氏族などの集団のなかで，(a)生産に必要なものを自ら生産し，自ら消費するという生活を営んでいた。この時代は，「生産者＝消費者」のため，流通という経済活動を必要としなかった。その後，徐々に自分たちで消費しきれない余剰生産物が生じ，他の家族や氏族と余剰生産物を交換する物々交換が行われるようになった。これが流通の始まりといわれている。

　物々交換が開始された頃は，そのつど交換する相手を探して行われていたが，お互いに欲しいものを持って行かなければ交換が成立しないという問題があった。この問題を解決するために，祭礼や特定の日に人々が集まる場所を利用して交換されるようになった。この交換の場所を市という。

　しかし，物々交換ではお互い交換したいものの種類や数量に満足できず，常に交換が成立するとは限らなかった。そこで，誰にとっても価値の等しいものを交換の道具として貨幣を用いるようになった。(b)貨幣のはじまりは，米・布・毛皮などの物品貨幣が用いられていたが，その後，金・銀・銅などの金属貨幣を用いるようになった。

　市ができて貨幣を用いるようになると，人々は市で自分の欲しいものを貨幣で購入することができるようになった。その結果として，貨幣と交換することを目的に，自分の得意とするものをそれぞれ生産する分業が徐々に進み，生産物は商品の性格をもつようになった。

　その後商人が現れ，常設の店舗を構え取扱商品の種類をしぼり，それぞれの得意分野の商品を取り扱うようになった。江戸時代には，取り扱う商品が全国的に広がり，(c)生産者と消費者の隔たりを埋めるための，生産者から商品を調達して消費者に橋渡しをする問屋（現在の卸売商）や，米や木綿などの商品を保管する蔵元（現在の倉庫業）などが整備された。さらに，明治時代に入ると，輸送，通信機器の発達により，市場も海外に広がり貿易もさかんになった。

　このように，流通が発展したことで，いつでも，どこでも買い物ができ，豊かで便利な生活を過ごすことができている。

問1．下線部(a)を何というか，漢字4文字を補って正しい用語を完成させなさい。

問2．下線部(b)の理由として，次のなかから最も適切なものを一つ選びなさい。
　ア．物品貨幣と比べて金属貨幣は，持ち運びや保存に便利であるから
　イ．物品貨幣と比べて金属貨幣は，加工が容易で大量に生産できるから
　ウ．物品貨幣と比べて金属貨幣は，身分や地位をあらわすことができるから

問3．本文の主旨から，下線部(c)のような，生産と消費の隔たりを何というか。次のなかから適切なものを一つ答えなさい。
　ア．場所的隔たり　　　イ．人的（社会的）隔たり　　　ウ．時間的隔たり

わが国の自動車産業は，戦後の日本経済を支える重要な基幹産業としての役割を果たしてきた。一般的な自動車は約3万点もの部品があり，これらの自動車部品は国内外に立地する複数の部品納入業者によって製造され，船舶・自動車・鉄道といったあらゆる輸送手段により自動車組み立て工場に納入されている。地球温暖化対策やトラック運転手の労働問題を背景に，(a)輸送に関しては，自動車輸送から船舶・鉄道などへの輸送手段に変更するモーダルシフトへの取り組みがすすんでいる。

また，近年では自動車業界の競争激化により，自動車製造のさらなる効率化が求められている。そのため，この業界でも原材料の調達から消費者への販売に至るまでの一連の流れを最適化するための管理手法の構築が進展しており，これらの動向は自動車部品の物流に大きな影響を与えている。

さらに，自動車業界にとっては，市場の需要変動に迅速に対応させながらコストを削減させる物流システムを構築することが重要な課題となっている。とくに，企業が生産する製品を短い納期で顧客に届けるとともに，(b)流通段階における製品の切断・混合・接着・組み立てなどの活動をいかに効率的に行えるか，また在庫の保有をいかに減らせるかが，企業の競争力の強化につながっている。

大手自動車メーカーのA社が構築してきた生産・流通・販売の統合システムは，需要変動に対応しながら物流全体の在庫削減を実現しているとして注目されている。A社は世界中に点在する生産拠点と販売拠点間のモノと情報の流れを整理し，長く複雑に入り組んだ物流全体をグローバルに管理，連携させている。とくに運搬に関しては，(c)ユニット・ロード・システムによる機械化がすすみ，輸送，保管などを一貫して効率化するしくみを採用することで，物流の流れを最適化している。

このように，物流はそれぞれの活動がたがいに影響しあっており，物流全体を統合的に管理するロジスティクスの考え方が重要になってくる。

問1．本文の主旨から，下線部(a)の理由として，次のなかから適切なものを一つ選びなさい。

　ア．近年，インターネットによる通信販売が増加していることで，戸口から戸口への輸送といった，小口で多頻度の配送へのニーズが高まったため。

　イ．世界的規模での競争が激化するなか，運賃が高く，積載できる貨物の種類や重さに厳しい制限があるが，極めて輸送速度が速いため。

　ウ．長距離輸送による燃料費の増加，二酸化炭素排出などの問題や，トラック運転手の長時間勤務・深夜勤務などの労働問題を改善するため。

問2．下線部(b)は物流活動のうち何にあたるか，次のなかから適切なものを一つ選びなさい。

　ア．流通加工　　イ．荷役　　ウ．情報管理

問3．下線部(c)の説明として，次のなかから適切なものを一つ選びなさい。

　ア．物流用バーコードを読み取ることで，包装材を開封せずに中身を確認できるほか，商品の在庫管理システムと連携させて物流情報を一元管理するしくみ。

　イ．個々の製品をパレットやコンテナなどで，ひとまとめにすることで，貨物を標準化し，輸送が効率的にできるようにするしくみ。

　ウ．車社会や自動車化を意味し，自家用自動車を輸送機関としてだけではなく，生活必需品として社会と大衆に広く普及させるしくみ。

10 次の文章を読み，問いに答えなさい。

　　A社は，創業100年を超える老舗旅館である。かつてA社は，経営不振で約10億円の負債を抱え
倒産の危機におちいったが，わずか３年間で経営を立て直すことに成功した。ここでは，A社がど
のように経営を改善したのかをみてみる。

　　経営を立て直す以前のA社は，従業員数が多く，旅館の入り口で太鼓を叩いて宿泊客を出迎える
人，食事を客室の手前まで運ぶ人というように，一人が一つの仕事を担当する完全分業制であった。
従業員数は，(a)正規雇用労働者が20人，非正規雇用労働者が100人であり売上高に対する人件費の
割合が50％を占めていた。

　　そこで経営改善策として，A社が独自に開発した情報管理システムを使い，(b)ＩＣＴを積極的に
活用してデータを一元管理し，業務の効率化を図ることで，従業員の心のゆとりと時間がうまれ，
宿泊客へのおもてなしを充実させることができた。また従業員は，情報管理システムにより宿泊者
情報の共有と確認が容易にできるようになり，一人で複数の業務を担当できるようになった。さら
に，１年365日営業という旅館業の常識をくつがえし，稼働率が低い火曜日と水曜日を定休日にした。
このような経営改善を行った結果，従業員数は，正規雇用労働者が30人，非正規雇用労働者が15人
に削減したものの従来のサービスをおとさず営業できるようになり，(c)売り上げが経営不振の時に
比べ２倍に増加し，売上高に対する人件費の割合は24％に改善された。

　　このような取り組みにより，仕事の効率や働きやすさが高まったことで，従業員の満足度が向上
した。高い従業員の満足度を維持することで，宿泊客に対するおもてなしが充実し，顧客満足度が
さらに増していったことが売上増加につながった。

　　その後，A社は，既存顧客のリピーターが増え，その既存顧客が新たな顧客をクチコミにより呼
び込んでくれるような連鎖がうまれたことで企業経営が安定し，いまもなお発展を続けている。

問１．下線部(a)の説明として，次のなかから適切なものを一つ選びなさい。
　ア．契約期間の定めがなく，長期雇用を前提とした待遇や人事制度のもとで働く労働者
　イ．１週間の所定労働時間が短く，時間給制や日給制で働く労働者
　ウ．雇用主と数か月や１年などの期間を定めて働く労働者

問２．本文の主旨から，下線部(b)の方法として，次のなかから最も適切なものを一つ選びなさい。
　ア．部屋割りは手作業で紙に書き，その情報は当日にコピーして従業員に配る。
　イ．宿泊者情報を管理システムに集約し，従業員は全員で情報共有しながら仕事に従事する。
　ウ．宿泊客のアレルギー情報は，調理場にあるホワイトボードに記入して調理人に伝える。

問３．本文の主旨から，下線部(c)の理由として，次のなかから最も適切なものを一つ選びなさい。
　ア．正規雇用労働者は増えたが旅館業の常識である１年365日の営業を継続し，いつでも泊まり
　　　たいという宿泊客の要望に対応することができたから。
　イ．非正規雇用労働者は減少したが完全分業制を継続し，一人が一つの業務に専念したことで従
　　　業員の仕事への満足度が高まったから。
　ウ．定休日の導入や経営改善を行うことで従業員の働きやすさや働きがいが向上し，それにとも
　　　ない宿泊客に対するおもてなしが充実したことで顧客満足度が高まったから。

11 次の文章を読み，問いに答えなさい。

　税は，公的サービスの財源を調達したり，所得の格差を埋める役割や経済を安定化させる役割を果たしたりしている。つまり税とは，国を維持し，発展させていくために欠かせないものであり，財源を調達するために税金を納めること(納税)は国民の義務ということが，憲法で定められている。この義務は企業にとっても同様である。ここでは，企業が納める税金についてみてみる。

　企業が納める税金には，国が課す国税と，地方公共団体が課す地方税がある。国税の一つに，企業の事業により生じた利益(所得)に課せられる税金がある。また，(a)地方税の一つに，土地や家屋，及び機械装置，備品などの償却資産を所有している場合に課せられる税金がある。

　さらに，国税でも地方税でもある税の一つに，消費税がある。この税金は，生産者から卸売業者，卸売業者から小売業者，小売業者から消費者へのすべての取引で課税される。最終的には，価格に上乗せされて消費者が負担するが，納税するのは各事業者になる。つまり消費税は，(b)間接税として分類される。その他，わが国の税金の納め方として(c)申告納税方式と賦課課税方式がある。わが国においては申告納税方式が原則である。

　私たちは，税金の果たす役割を正しく理解すると同時に，ビジネスにおいての「税のしくみやあり方」についてしっかりと学んでおく必要がある。

問1．下線部(a)を何というか，漢字4文字を補って正しい用語を完成させなさい。

問2．下線部(b)の説明として，次のなかから適切なものを一つ選びなさい。
　　ア．税を納める人と，税を負担する人が同じ税金のこと
　　イ．所得の多い人は多く，少ない人は相応に負担する税金のこと
　　ウ．税を納める人と，税を負担する人が異なる税金のこと

問3．下線部(c)の説明として，次のなかから適切なものを一つ選びなさい。
　　ア．納税者が課税期間の税額を自ら計算して，税金を納めるしくみ
　　イ．地方公共団体によって課せられた税額を，税金として納めるしくみ
　　ウ．給与のなかから所得税を事業者が預かり，事業者が税金を納めるしくみ

12 次の文章を読み，問いに答えなさい。

　　A社は，静岡県内で観光客向けに特産品や土産品を販売している小売業者である。2020年のA社
の売り上げは，新型コロナウィルス感染症による外出制限や移動規制が続いたため激減した。そこ
でA社は，売り上げを改善するために，インターネットによる通信販売を行うことにした。

　　まずA社は，初出品する商品を静岡県産最高級ブランドのメロンに決定した。この商品は，県内
の契約農家から(a)1玉2,000円で50玉仕入れ，仕入諸掛25,000円を支払うことにした。

　　次にA社は，Ｗｅｂページの作成をすることにした。しかし，A社はインターネットの通信販売
の経験がないので，Ｗｅｂページデザインの作成，写真撮影，注文システムの作成などの(b)業務の
一部を他の企業に委託することにした。

　　その後，A社のＷｅｂページが完成したので，インターネットによる通信販売を開始することに
した。販売初回はインターネット初出店記念として，通常は(c)定価1玉5,000円で販売している商
品を4,000円に割り引きして販売することにした。そして，数日後には完売となった。

　　A社は，今後も店頭販売とインターネットによる通信販売の2つの販売体制をとり，売り上げを
伸ばしたいと計画している。そのためには広告宣伝に力を注ぎ，旬の果物を一番美味しい状態で食
べてもらうことで，リピーターの獲得につなげたいと考えている。

問1．下線部(a)について，仕入原価はいくらか，次のなかから正しいものを一つ選びなさい。ただ
　　し，消費税は考えないものとする。
　ア．100,000円　　イ．115,000円　　　ウ．125,000円

問2．本文の主旨から，下線部(b)を何というか，次のなかから正しいものを一つ選びなさい。
　ア．コンプライアンス　　イ．アウトソーシング　　ウ．トレード・オフ

問3．下線部(c)のように価格を設定した場合，実売価格は予定売価の何割引きか，数字を補って正
　　しい割引率を記入しなさい。

13 次の一連の文章〔Ⅰ〕・〔Ⅱ〕を読み，それぞれの問いに答えなさい。

〔Ⅰ〕株式会社清涼クリーニング（以下，清涼クリーニング）は，最新型の業務用ドラム式洗濯乾燥機（以下，業務用洗濯機）を追加購入し，顧客を増やしたいと考えた。

　以下は，清涼クリーニングが業務用洗濯機を購入する業者を選定し，売買契約を締結するまでの事例を示したものである。

令和３年12月８日　清涼クリーニングは，購入する業務用洗濯機の仕様を，30kg対応の乾燥機能付きドラム式洗濯機とした。そこで，(a)商品の内容と取引条件を示し，価格を問い合わせる書類を作成した。そして，この書類を以前から取引をしている株式会社登別機器（以下，登別機器）と株式会社十勝工産（以下，十勝工産）の２社に送付した。

　　　12月13日　それぞれの会社から業務用洗濯機の価格に対する回答の書類が届いた。清涼クリーニングは送付された書類を検討した結果，十勝工産から業務用洗濯機を購入することにしたので，以下の書類を作成し送付した。

No.58

注 文 書

令和 ３ 年 12 月 14 日

（住所省略）

株式会社十勝工産　御中

（住所省略）

株式会社清涼クリーニング 印

下記のとおり注文いたします。

品　名	数　量	単　価（税込）	金　額（税込）
ドラム式洗濯乾燥機DM03	1	2,500,000	2,500,000
据え付け工事費用		50,000	50,000
以 下 余 白			
合　　計			￥2,550,000

納入期日	令和４年１月20日	運送方法	自動車便	支払条件	着荷後10日以内 小切手払い
納入場所	買い手指定場所	運賃諸掛	売り手負担		

　　　12月17日　清涼クリーニングは，(b)注文請書を受け取った。

問1．下線部(a)を何というか，漢字で正しい用語を記入しなさい。

問2．注文書の内容から，清涼クリーニングが提示した取引条件について，次のなかから適切なものを一つ選びなさい。
    ア．運送にかかる費用は登別機器が負担し，代金は出荷後10日以内に小切手で支払う。
    イ．運送にかかる費用は十勝工産が負担し，代金は着荷後10日以内に小切手で支払う。
    ウ．運送にかかる費用は清涼クリーニングが負担し，代金は着荷後10日以内に小切手で支払う。

問3．下線部(b)の説明として，次のなかから適切なものを一つ選びなさい。
    ア．注文をうけた商品の出荷取り消しを伝える書類
    イ．注文をうけた商品の代金を求める書類
    ウ．注文をうけたことを買い手に伝える書類

文章〔Ⅱ〕とそれに関する問いは，次のページにあります。

第36回検定

〔Ⅱ〕清涼クリーニングは，令和３年12月に売買契約の締結をすでに済ませている。後日，業務用洗濯機が納品されることになった。

　以下は，清涼クリーニングに業務用洗濯機が納品され，代金を支払うまでの売買契約が履行された事例を示したものである。

令和４年１月17日　　十勝工産より業務用洗濯機が指定場所に納品された。

　　　　　　　　　　清涼クリーニングは納品書と照合しながら，注文どおりの商品であることに間違いがなく，損傷もないことを確認し，物品受領書に押印し渡した。

　　　　　　　　　　また，(c)代金の支払いとして振り出す予定の小切手が預金残高不足のため不渡りにならないように，預金口座の残高を確認した。

　　１月18日　　　清涼クリーニングは，支払い条件のとおりに必要事項を記入し，代金の支払いとして下記の小切手を振り出した。

　　　　　　　　　　十勝工産は小切手を受け取った後，(d)一般線引小切手にした。

　　１月21日　　　十勝工産に振り出した小切手が取引銀行で処理され，清涼クリーニングの銀行口座から業務用洗濯機の代金が引き落とされた。

　　＜資　料＞

会　社　名	取　引　銀　行
株式会社清涼クリーニング	株式会社小樽銀行南支店
株式会社十勝工産	株式会社室蘭銀行北支店

問4．下線部(c)に記された預金の種類は何か，漢字2文字を補って正しい用語を完成させなさい。

問5．下線部(d)の例として，次のなかから適切なものを一つ選びなさい。

ア.

イ.

ウ.

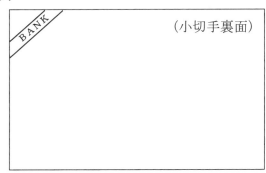

問6．本文の主旨から，小切手の ① と ② に入る組み合わせとして，次のなかから正しいものを一つ選びなさい。

ア．① 株式会社清涼クリーニング　　② 株式会社十勝工産
イ．① 株式会社十勝工産　　② 株式会社小樽銀行南支店
ウ．① 株式会社十勝工産　　② 株式会社室蘭銀行北支店

第37回（令和4年度）商業経済検定試験問題

［ビジネス基礎］

解答上の注意

1．この問題のページはp.102からp.115までです。

2．解答はすべて別紙解答用紙（p.127）に記入しなさい。

3．文字または数字で記入するもの以外はすべて記号で答えなさい。

4．計算用具などの持ち込みはできません。

5．制限時間は40分です。

① 次の(1)〜(5)に最も関係の深いものを解答群から選びなさい。

(1) 生産された商品の品質が落ちないように，必要な期間倉庫内に収納し，生産の時期と消費の時期の時間的隔たりを調整する活動。

(2) 生産された商品が消費者に届くように，自動車や船舶などを利用して消費地へ送り届け，生産地と消費地の間の場所的(空間的)隔たりを埋める活動。

(3) 生産された商品がより高い付加価値をもつように，小分けやラベル貼り，詰め合わせ，組み立て設置などをする活動。

(4) 生産された商品が汚損・破損によって価値を損なわないように，容器に入れたり，運びやすくするために荷づくりをしたりして，適切に保護する活動。

(5) 生産された商品が効率的に消費者に届くように，受発注や在庫・配送などの業務でコンピュータを活用し制御する活動。

【解答群】
ア．輸送　　イ．流通加工　　ウ．保管　　エ．情報管理(情報処理)　　オ．包装

② 次の(1)〜(5)のうち，条件に当てはまるものにはAを，それ以外にはBを記入しなさい。ただし，すべてに同一の記号を記入した場合は5問全部を無効とします。

【条件】　ビジネスに必要な資金のうち，設備資金に分類されるもの

(1) 企業が，従業員に対する賃金の支払いをするときに必要な資金

(2) 企業が，店舗を開設するための土地や建物を購入し代金の支払いをするときに必要な資金

(3) 企業が，営業所の水道料金や電気料金の支払いをするときに必要な資金

(4) 企業が，商品の仕入れや手形代金の支払いをするときに必要な資金

(5) 企業が，工場で使用する新しい機械装置を購入し代金の支払いをするときに必要な資金

③ 次の(1)〜(5)の □ に当てはまるものを解答群から選びなさい。

　小売業は，どのような商品を売るかという，業種に重点がおかれ分類されていたが，どのように商品を売るかといった，業態に重点がおかれ分類されるようになってきた。

　業態では，複数階の売り場をもち，大規模で総合的な品ぞろえで，部門ごとに売り場を設けて，高級品を扱う対面販売方式を中心とした □(1) が，1920年代から1960年代に小売業界でのシェアを伸ばした。その後1970年代になると，チェーン化による大量一括仕入で割安な食料品や衣料品を中心に総合的な品ぞろえの，大規模な小売業であるセルフサービス方式を中心とした □(2) という業態が小売業界でのシェアを伸ばした。

　さらに，医薬品や化粧品を中心に品ぞろえを行い，日用雑貨も取り扱っている □(3) という業態は現在も店舗数や売り上げを伸ばしている。そのほかに，日曜大工用品や園芸用品を中心に生活関連の耐久消費財を幅広く品ぞろえして，広い駐車場を備えた □(4) という業態もある。近年では，衣料品を扱う小売業において企画から製造・販売までを一貫して行う □(5) という業態もあり，機能性に優れ割安感のある商品は消費者の支持を得ており，家具を扱う小売業でもみられる。

　小売業は，今後も多様化する消費者ニーズに対応し，業態が変化していくことが予想される。

【解答群】
　ア．ホームセンター　　イ．ドラッグストア　　ウ．ＳＰＡ　　エ．百貨店　　オ．総合スーパー

④ 次の(1)〜(5)について，下線部が正しいときは○を記入し，誤っているときは解答群から正しいものを選び記号で答えなさい。ただし，すべてに○を記入した場合は５問全部を無効とします。

(1) わが国の政府が発行する貨幣は，１回の取引につきそれぞれの額面金額の20倍までの強制通用力が定められてる。

(2) ビジネスでは3,889,876円のようにすべての数を示すのではなく，内容を的確に理解させるために約390万円といったおよその数で示し，そのおよその数で計算することを概算という。

(3) 利息の計算方法には２種類あり，そのうち一定期間ごとに利息を元金に繰り入れて，その元利合計を次期の元金として利息を計算する方法を単利法という。

(4) 小切手の不正使用防止のために表面に２本の平行線を引き，平行線のなかに指定の銀行名を記入した小切手を特定線引小切手という。

(5) 企業が利害関係者に対して財務諸表を開示する前に，独立した外部の公認会計士が決算書を調べ，不正や誤った処理をしていないかチェックすることを確定申告という。

【解答群】
　ア．一般線引小切手　　イ．複利法　　ウ．10　　エ．換算　　オ．会計監査

5　次の文章を読み，問いに答えなさい。

　日本経済団体連合会が実施した「2018年度 新卒採用に関するアンケート調査結果」によると，企業が入社試験の選考基準で最も重視している項目は，コミュニケーション能力(82.4％)で，10年以上連続1位となっている。これは，取引先や企業内など，さまざまな人と関わるうえで「相手を正しく理解する力」，「自分の考えを相手に伝える力」を重視する企業がいかに多いかということを表している。

　コミュニケーションの方法には，直接的コミュニケーションと(a)間接的コミュニケーションがあり，どちらも要点をおさえ，誤解や勘違いがおこらないように注意することが大切である。そして，コミュニケーションにおいて相手との信頼関係を築くためには，身だしなみから挨拶，お辞儀や言葉づかいなども重視される。お辞儀も場面によって使い分けることが必要で，例えば廊下ですれ違うときに上体を15度ほど傾ける礼や，一般的な挨拶を交わす場合に上体を30度ほど傾ける礼のほかに，(b)感謝やお詫びの気持ちをこめる場合に上体を45度ほど傾ける礼がある。

　言葉づかいでは，相手を敬ったり，自らをへりくだったりして，相手に敬意を表す敬語の使い方が円滑なコミュニケーションには欠かせない。(c)尊敬語や謙譲語，丁寧語(丁重語，美化語を含める場合もある)の意味や違いを理解し，適切な使い方をすることが重要となる。

　そのほかに，職場でのコミュニケーションを円滑にするためには，役職や担当としての公式な場面でのコミュニケーション以外に，(d)同期入社や，同じ趣味，同じ出身地の者同士による休憩時間のような非公式な場面でのコミュニケーションが大きな役割を果たすことがある。実際，業務の効率化や技能の向上などにも役立つため，大切にしている企業が多い。

　また，多くの企業が，顧客との良好なコミュニケーションを図るために，情報の収集に力を入れている。こんにちでは，(e)デジタル化の進展やネットワークの高度化などにより，位置情報や行動履歴，インターネットやテレビでの視聴・消費行動等に関する豊富な種類の情報，また小型化したセンサーから得られ絶えず発生する膨大な情報を活用するようになってきた。このデータを解析することで顧客の興味や関心をもっていると予測される商品を案内し購買につなげているのである。

　もう一つ重視している選考基準の項目に，主体性(64.3％)を挙げる企業が増えてきている。自ら考え行動できる人材は早期に活躍できる人材と考えられ，高く評価される傾向にある。

問1．下線部(a)の例として，次のなかから適切なものを一つ選びなさい。
　　ア．人と人が向かい合って行うコミュニケーション
　　イ．身ぶりや手ぶりなどを使ったコミュニケーション
　　ウ．書類や電子メールなどを通じて行うコミュニケーション

問2．下線部(b)を何というか，次のなかから適切なものを一つ選びなさい。
　　ア．普通礼　　イ．最敬礼　　ウ．会釈

問3．下線部(c)の例として，次のなかから適切なものを一つ選びなさい。
　　ア．「私が召し上がります」
　　イ．「お客様がいらっしゃいました」
　　ウ．「お客様が申し上げました」

問4．下線部(d)を何というか，次のなかから適切なものを一つ選びなさい。

　　ア．インフォーマルコミュニケーション

　　イ．フォーマルコミュニケーション

　　ウ．対外的コミュニケーション

問5．下線部(e)を何というか，次のなかから最も適切なものを一つ選びなさい。

　　ア．ビッグデータ　　イ．フェイクニュース　　ウ．ＩｏＴ

6　次の文章を読み，問いに答えなさい。

　近年，深刻化するプラスチックごみによる汚染に対して，各地でさまざまな取り組みが行われている。

　1990年代半ば以降，京都府亀岡市を流れる保津川流域にプラスチックごみが大量に漂着するようになり，川下り船頭（せんどう）の有志による清掃活動が始まった。その後，2018年には，「かめおかプラスチックごみゼロ宣言」が表明された。そのほかにも，神奈川県や長野県など各地で同様の宣言や運動が始まっている。

　プラスチックごみをゼロに近づけるためには，(a)プラスチック製のレジ袋やストローなどを使用せずに無駄なごみを出さないようにすることが必要である。それに加え，回収して新しい製品を作るために再資源化したり，再利用したりするなど，総合的に取り組むことが重要となる。

　私たちを取り巻く社会には，このような環境保護だけでなく，貧困への対策や，限りある貴重な資源の確保などさまざまな課題が存在しており，それぞれ早急な対応が求められている。そこで，(b)2015年9月に国連持続可能な開発サミットで，持続可能な世界を実現するために設定した17の目標からなる，国際的な開発目標が採択された。

　こんにち，ビジネスを行う多くの企業が，この目標を2030年までに達成しようと努力している。私たち自身も，一人ひとりの行動が世界を変える力となると，自覚していくことが重要となる。

問1．下線部(a)は「３Ｒ」のどの活動にあたるか，次のなかから適切なものを一つ選びなさい。

　　ア．リデュース（Reduce）　　イ．リユース（Reuse）　　ウ．リサイクル（Recycle）

問2．下線部(b)を何というか，アルファベット大文字3文字を補って，正しい用語を完成させなさい。

第37回検定

7 次の文章を読み，問いに答えなさい。

　1974年に，大規模小売店舗における小売業の事業活動の調整に関する法律（大規模小売店舗法）が施行された。これは，大型店舗の出店を規制した法律である。大型店全盛の時代であった同じ頃に，小売業のA社は，都内の豊洲にコンビニエンスストア（以下，コンビニ）の第1号店をオープンして，それから約50年が経過しようとしている。

　こんにちでは，A社以外にも多くのコンビニがある。小規模な店舗ながらも，その利便性から日常生活のなかで多くの人々が利用している。なぜ，コンビニは人々を引き付けることができるのだろうか。一つには，いち早く(a)POSシステムを採用し，売れない商品を即座にほかの商品に入れ替える効果的な品ぞろえがあげられる。そのほかに，長時間営業やATMの設置，公共料金の支払い，宅配受付サービスのような便利なサービスを取り入れたビジネススタイルがある。また，コンビニの情報収集力と販売力を活かした商品の開発も魅力の一つとしてあげられる。コンビニにとって(b)プライベートブランド商品（PB商品）は，商品の差別化という利点をうみ出している。そのため，コンビニではプライベートブランド商品の，全商品に対する割合を年々増やしている。

　このようなさまざまな特長をもったコンビニは，チェーン化によって店舗数を増やし，1店舗あたりは小規模ながら情報化や大量仕入などの効率化を図ることができた。いくつかあるチェーン化のなかでも，(c)独自の商品や販売方式などを開発した企業が本部となり，自社の加盟店を募集し，商号の使用を認め，商品の供給や販売方法の指導などを行い，その対価を加盟店から受け取るチェーンの方式は，コンビニの拡大を大きく後押しした。

　今後，誕生して約半世紀を過ぎたコンビニが，どのように消費者ニーズをとらえ続けていけるのか目が離せない。

問1．下線部(a)の説明として，次のなかから最も適切なものを一つ選びなさい。
　ア．インターネットや専用回線を用いて，システムを共有することで，同一会社のように，電子的に商品の受発注を素早く行うシステム。
　イ．異なるネットワークを使用するほかの会社と，通信回線や商品のコード体系などを統一することで，スムーズに商品に関する電子データの交換をできるようにしたシステム。
　ウ．商品につけられているバーコードを，販売時に，スキャナで読み込み，コンピュータで商品の販売情報を収集・管理するシステム。

問2．下線部(b)の説明として，次のなかから最も適切なものを一つ選びなさい。
　ア．消費者ニーズを把握しやすい製造業者が商品の企画をして，製造業者のブランドで販売する商品。
　イ．消費者ニーズを把握しやすい小売業者が商品の企画をして，小売業者のブランドで販売する商品。
　ウ．消費者ニーズを把握しやすい卸売業者と製造業者が共同で商品の企画をして，卸売業者と製造業者両方のブランドで販売する商品。

問3．下線部(c)を何というか，カタカナ7文字を補って正しい用語を完成させなさい。

8 次の文章を読み，問いに答えなさい。

　私たち個人や企業は，日々の経済活動のなかで，突然の事故や災害にみまわれ，人の生命や財産に損失をこうむる危険（リスク）を負っている。そこで，このような危険に備えるために，保険というしくみを活用する。

　保険は人々から資金の提供を受け，(a)保険事業を営む保険会社がこの集まった資金を運用していくのである。これは，同じ危険を抱えた人々が多数集まり，お互いに助け合う相互扶助の考えからうまれた。そして，(b)火災や風水害などによって保険事故が発生した場合に保険会社から支払われる金銭によって，経済的不安を取り除くことになる。

　保険の種類には，生命保険と，(c)損害保険とがあり，それぞれ何を対象とするのかにより区別されている。

　近年では，商品によって消費者がけがをした場合に支払われる損害賠償のための生産物賠償責任保険（ＰＬ保険）ができた。また，企業の合併・買収時の契約書の記載が正しいことを保証し記載違いによる損失があった場合のための表明保証保険（Ｍ＆Ａ保険）など，時代にそった新しい保険も登場してきている。保険のしくみは，わが国のビジネス活動を円滑にするために重要な役割を果たしているのである。

問１．下線部(a)を何というか，次のなかから適切なものを一つ選びなさい。
　ア．被保険者　　イ．保険契約者　　ウ．保険者

問２．本文の主旨から，下線部(b)を何というか，次のなかから適切なものを一つ選びなさい。
　ア．保険料　　イ．供託金　　ウ．保険金

問３．下線部(c)の例として，次のなかから適切なものを一つ選びなさい。
　ア．疾病や事故などによる人の生死を対象とする保険
　イ．工場や店舗のような建物および商品などの財産を対象とする保険
　ウ．公的医療や年金のような国や地方公共団体の政策を対象とする保険

⑨ 次の文章を読み，問いに答えなさい。

2022年，アメリカやヨーロッパ各国の中央銀行が金利を上げるなか，わが国の中央銀行である日本銀行は超低金利政策を維持することで円安状態になった。これは，世界経済において金利の低い円を売って金利の高い外貨で預金をする動きが進んだためである。金利は，経済において資金を動かす原動力となる。

普通銀行は，金融市場において，資金を供給者から需要者へ提供する業務を主に行い，三大業務と呼ばれるものがある。一つ目の業務は，(a)預金（受信）業務である。二つ目の業務は，貸出（与信）業務である。この際に，支払う利息より受け取る利息を多くすることで，利ざやが生じ，銀行の収益となる。しかし，金利の低い状態では収益の確保が難しい。三つ目の業務は(b)遠隔者間の金銭の受け払いを仲立ちし，直接現金の送付を行わない決済や送金をする業務により利用者から受け取る手数料が銀行の収益となる。そのほかに，投資信託や保険の取次販売なども行う。

超低金利の時代，銀行では両替をはじめとする，各種業務の手数料による収入を増やすことに力を入れている。

問1．下線部(a)の説明として，次のなかから適切なものを一つ選びなさい。

ア．家計や企業から余裕資金を預かり，利息を支払う業務

イ．資金を必要とする家計や企業などに資金を融通して，利息を受け取る業務

ウ．取引先に保護箱を貸渡し，有価証券や貴金属などを保管する業務

問2．下線部(b)のような三大業務を何というか，漢字2文字を補って正しい用語を完成させなさい。

10　次の文章を読み，問いに答えなさい。

　A社は，国内最大級の女性向け月額制ファッションレンタルサービスをメインとする，個人向け洋服コーディネートサービスを運営している企業である。女性のライフスタイルに寄り添い，ファッションとの新しい出会い体験を提案するA社の事業内容についてみてみる。

　A社は，もともとファッションに興味があってスタートしたわけではなく，「ライフスタイルを豊かにするサービス」を作りたいという思いからうまれた企業である。設立にあたり(a)企業活動でめざす理想や目標として，「誰もがワクワクする，新しいあたりまえをつくろう。」を企業経営の柱とした。A社は顧客に自由に洋服を選んでもらう選択型ではなく，サイズや好みをオンライン上で登録し，プロのスタイリストがその顧客に合わせて選んだ服を自宅に届ける提案型のレンタルサービスを行っている。

　A社は，(b)顧客が製品やサービスを一定期間利用できる「権利」に対して料金を支払うというビジネスモデルを提供した。顧客は定期的に服を何着でも試すことができ，また手軽にさまざまなファッションを楽しむことができるだけではなく，気に入った服を購入することもできる。A社は，ブランドや服によって料金を変えない定額制にし，服の返却期限を設けず，返却する際のクリーニングも不要にした。このような新しいサービスを提供した結果，(c)A社のレンタルサービスの会員登録者数は年々増加し，2022年2月には70万人を超えた。

　A社がめざしていることは，顧客を満足させることで終わらず，ライフスタイルを豊かにし，誰もがワクワクするといった感動を与えることである。服の返却時に顧客からいただく「生の声」を大切にすることで，日々業務を改善し，新たにサービスの提案をする姿勢が顧客に評価され，今もなお成長し続けている。

問1．下線部(a)を何というか，次のなかから適切なものを一つ選びなさい。
　ア．経営理念　　イ．コーポレート・ガバナンス　　ウ．ノーマライゼーション

問2．下線部(b)を何というか，次のなかから適切なものを一つ選びなさい。
　ア．トレード・オフ　　イ．サブスクリプション　　ウ．ロイヤリティ

問3．本文の主旨から，下線部(c)の理由として，次のなかから最も適切なものを一つ選びなさい。
　ア．自分が選んだ服が自宅に届けられ，手軽にファッションを楽しむことができるだけではなく，気に入った服を購入することができるから。
　イ．子どものファッションをターゲットにし，入学式や卒業式の衣装も定額でレンタルすることができ，また返却時のクリーニング代も無料にしたから。
　ウ．プロのスタイリストが選んだ服が定期的に届けられ，ブランド品の服も定額でレンタルすることができ，顧客の満足度を高めることができたから。

11 次の文章を読み，問いに答えなさい。

　A社は，新規ビジネスの企画開発，セールスプロモーションの企画・制作などを行う企業である。A社の取り組みについてみてみる。

　A社の取り組みの一例として，飲料メーカーとアニメキャラクターのタイアップキャンペーンがある。飲料メーカーでは，消費者ニーズを満たす製品やサービスを開発し提供するために，(a)必要な価値を具体化し（製品政策），それをどのくらいの価格で（価格政策），どのような場所で（流通政策），そしてどのようにして顧客の購買意欲を高めるか（プロモーション政策）の四つの要素を組み合わせることを検討している。そのなかでA社は，飲料メーカーから依頼を受けてキャンペーンの企画やデザイン，景品の製作を担当し，この製品のプロモーション政策を担った。

　このような取り組みをしているA社では，福利厚生についても特徴的な制度を設けている。A社は，法律によって義務付けられている法定福利制度として，健康保険，(b)労災保険，厚生年金保険，雇用保険などの社会保険料の一部または全部を企業が負担している。またA社は，企業が任意で行う(c)法定外福利制度として32の制度を設けている。例えば，「ファミリーホリデー」制度として家族旅行や運動会などの際に特別休暇を認めている。また，「幸せは歩いてこない」制度として月間平均1万歩を歩くだけで報奨金3,200円を支給する制度がある。

　このように福利厚生制度は，企業が従業員と家族の生活を支えるものであり，従業員の帰属意識を高めたり，働く意欲を増幅させたりする効果がある。

　今後A社のように，さまざまな企業でユニークな福利厚生制度が誕生し，一層働きやすい職場環境が整えられることを期待する。

問1．下線部(a)を何というか，次のなかから適切なものを一つ選びなさい。
　ア．PDCAサイクル　　イ．マーケティングミックス　　ウ．ホスピタリティ

問2．下線部(b)の説明として，次のなかから適切なものを一つ選びなさい。
　ア．老齢，死亡，障がいなどで働けなくなった場合に支給される保険
　イ．失業時の現金給付や育児休業，介護休業中の所得補償をする保険
　ウ．非正規社員も加入できる，勤務時や通勤時のけがや病気に対する保険

問3．本文の主旨から，下線部(c)の説明として，次のなかから最も適切なものを一つ選びなさい。
　ア．法律によって義務付けられており，各種保険に加入することで病気やけが，失業などの場合に支援を受けられる制度のこと。
　イ．幼児期の学校教育や保育，地域の子育て支援の量の拡充や質の向上を進めていくためにつくられた制度のこと。
　ウ．従業員の生活援助や労使関係の安定などを目的に，レクリエーションや社員旅行などの費用の一部を会社が負担する制度のこと。

12 次の文章を読み，問いに答えなさい。

　テーマパークを運営しているA社は，新型コロナウイルス感染症の影響で入場制限や時短営業が続き，厳しい収益環境が続いている。しかし，A社はこの状況下においても収益を確保するための工夫をしている。

　工夫の一つ目は，1日利用券の料金設定である。1983年4月に新規開園したときは，1日利用券の価格は3,900円であったが，その後2001年には5,500円，2021年3月20日から最大8,700円になった。さらに2021年10月1日にはパーク内の混雑の緩和を目的として(a)下表のように7,900円から9,400円の4段階の価格を設定した。これにより，収益の確保を見込めると考えている。

　二つ目は，新アトラクションの開発に取り組んでいることである。この新アトラクションは，2027年の稼働に向け約560億円の投資を行い，宇宙空間をハイスピードで駆け抜けるスリリングなジェットコースタータイプの屋内型アトラクションを誕生させる。同時に付随するエリアもリニューアルする。

　三つ目は，A社は株式会社であり株式保有による優待制度があることである。A社は，優待を受ける権利確定日に(b)株式を保有する出資者に対し，一定数以上の株式を保有していれば1日利用券を配付している。株式の買入は，証券会社を通じて行われる。株式を買入する場合は，株式売買委託手数料と(c)株式の売買が成立した時の価額の合計を支払総額として支払うことになる。

　A社に対する人気は，開園以来衰えることがない。その最大の理由は，「夢と魔法の王国」をコンセプトにし，入園者に非日常空間を提供し続けているからである。A社の絶え間ないビジネスへの取り組みの努力が，私たちの明日への生活の活力になっているのかもしれない。

2022年10月の料金表（一部抜粋）

日	月	火	水	木	金	土
2	3	4	5	6	7	8
9,400円	7,900円	7,900円	7,900円	7,900円	7,900円	9,400円
9	10（祝）	11	12	13	14	15
9,400円	9,400円	8,400円	8,400円	8,900円	8,900円	9,400円

問1．本文の主旨から，下線部(a)の理由として，次のなかから最も適切なものを一つ選びなさい。

ア．土日祝日の価格を高くすることで来場客を分散させ，新型コロナウイルス感染症拡大防止と収益の確保を図りたいから。

イ．1日利用券を高価格設定することでA社に対する注目度を高め，株式を保有する出資者を増やし株価上昇を図りたいから。

ウ．生活資金に余裕のある富裕層をターゲットにし，パーク内での利用単価を上げることで収益確保を図りたいから。

問2．下線部(b)を何というか，漢字2文字で正しい用語を記入しなさい。

問3．下線部(c)を何というか，次のなかから適切なものを一つ選びなさい。

ア．約定代金　　イ．付加価値　　ウ．機会費用

13 次の一連の文章〔Ⅰ〕・〔Ⅱ〕を読み，それぞれの問いに答えなさい。

〔Ⅰ〕株式会社サウンド琉球（以下，サウンド琉球）は，年に1回琉球楽器の年末大売出しセールを行っており，今回セール用チラシ15,000枚を印刷業者に作ってもらい，新聞折り込み広告として地域住民に配付することにした。

　以下は，サウンド琉球が年末大売出しセール用チラシを作成してくれる印刷業者を選定し，売買契約を締結するまでの事例を示したものである。

令和4年11月1日　サウンド琉球は，セール用チラシの(a)見積依頼書を作成した。そして，この書類を印刷業者として定評のある株式会社名護印刷（以下，名護印刷）と，株式会社具志川プリント（以下，具志川プリント）に送付した。

11月8日　サウンド琉球は，名護印刷より以下のとおり，見積書を受け取った。

見積依頼書
No. 78

No.556

見　積　書

令和　4　年　11　月　7　日

（住所省略）
株式会社名護印刷 印

（住所省略）
株式会社 サウンド琉球 御中

下記のとおりお見積もり申し上げますので，なにとぞご用命くださるようお願いいたします。

納入期日	令和4年12月15日	運送方法	**自動車便**	支払条件	**着荷後7日以内**
納入場所	**買い手店頭**	運賃諸掛	**売り手負担**		**銀行振込**
品　名		数　量	単　価	金　額（税抜）	
セール用チラシ		15,000	10	（各自計算）	
デザイン料		1	50,000	（各自計算）	
以　下　余　白					
合　　計				（各自計算）	
税率　10%	消費税額	①	税込合計金額	（各自計算）	

【備考】見積有効期限　令和4年12月6日
　　　　振込手数料はご負担下さい
振込先　沖縄国際銀行　那覇支店
　　　　普通　7878788

係印	（押印略）	（押印略）

11月9日　具志川プリントからも見積書が届いた。サウンド琉球は，2社から届いた見積書を比較・検討をした結果，名護印刷と取引することを決定した。その後，名護印刷に(b)購入することを売り手に伝える書類を作成して送付した。

11月11日　名護印刷より承諾したことを伝える書類を受け取った。

問1．下線部(a)の説明として，次のなかから適切なものを一つ選びなさい。

 ア．取引条件を提示し，価格を問い合わせる書類

 イ．取引条件に基づき，商品を確認し受け取ったことを伝える書類

 ウ．取引条件に基づき，商品の納品後に代金の支払いを請求する書類

問2．見積書の ① に入る消費税額として，次のなかから正しいものを一つ選びなさい。

 ア．¥15,000 イ．¥20,000 ウ．¥22,000

問3．下線部(b)を何というか，漢字3文字で正しい用語を記入しなさい。

> 文章〔Ⅱ〕とそれに関する問いは，次のページにあります。

第37回検定

〔Ⅱ〕サウンド琉球は，年末大売出しセール用チラシを作成してくれる印刷業者を選定し，令和4年11月に売買契約の締結をすでに済ませている。令和4年12月になり，セール用チラシが納品されることになった。

　以下は，サウンド琉球にセール用チラシが納品され，代金を支払うまでの売買契約の履行の事例を示したものである。

令和4年12月12日　サウンド琉球にセール用のチラシが運送業者から店頭に届けられた。届けられた荷物を開封し，(c)品違いや数量の過不足など注文したとおりの内容に間違いがないか書類で照合し，さらに輸送中の損傷や変質がないかなど確認した。

　　　12月13日　サウンド琉球は，代金支払いの手続きをするために自社の銀行口座から，印刷業者が指定した銀行口座に振り込みを完了した。

　　　12月16日　サウンド琉球は，印刷業者より以下の領収証を受け取った。なお，この領収証には(d)印紙税法により規定の金額の収入印紙が貼ってあった。

〈資　　料〉

〈印紙税額表（抜粋）〉

文書の種類	印紙税額（1通又は1冊につき）	主な非課税文書
売上代金に係る金銭又は有価証券の受取書	記載された受取金額が 　100万円以下のもの　　　　　　　200円 　100万円を超え 200万円以下のもの　400円 　200万円を超え 300万円以下　〃　　600円 　300万円を超え 500万円以下　〃　1,000円	次の受取書は非課税 記載された受取金額が5万円未満のもの

問4．領収証の　①　と　②　に入る組み合わせとして，次のなかから正しいものを一つ選びなさい。

　ア．①株式会社名護印刷　　　　　②株式会社具志川プリント
　イ．①株式会社サウンド琉球　　　②株式会社名護印刷
　ウ．①株式会社名護印刷　　　　　②株式会社サウンド琉球

問5．下線部(c)の作業を何というか，次のなかから正しいものを一つ選びなさい。
　ア．引き受け　　イ．審査　　ウ．検収

問6．本文の主旨から，下線部(d)について〈資料〉の〈印紙税額表（抜粋）〉を参照し，正しい金額を記入しなさい。

「ビジネス基礎」解答用紙

	(1)	(2)	(3)	(4)	(5)
1					

	(1)	(2)	(3)	(4)	(5)
2					

	(1)	(2)	(3)	(4)	(5)
3					

	(1)	(2)	(3)	(4)	(5)
4					

（2は，すべてに同一の記号を記入した場合は5問全部を無効にします。）
（4は，すべてに○を記入した場合は5問全部を無効にします。）

得 点
1～4小計

	問1	問2	問3	問4	問5
5					

	問1	問2	問3
6			

	問1	問2	問3
7			

	問1	問2	問3
8			

	問1	問2
9		

	問1	問2	問3	問4
10				

	問1	問2
11		観光

	問1	問2
12		

	問1	問2	問3	問4	問5	問6
13						

得 点
5～13小計

学校名		学年	年	組	番	名前	

総得点

「ビジネス基礎」解答用紙

1	(1)	(2)	(3)	(4)	(5)

2	(1)	(2)	(3)	(4)	(5)

3	(1)	(2)	(3)	(4)	(5)

4	(1)	(2)	(3)	(4)	(5)

（2は，すべてに同一の記号を記入した場合は5問全部を無効にします。
4は，すべてに○を記入した場合は5問全部を無効にします。）

得点
1〜4小計

5	問1	問2

6	問1	問2	問3

7	問1	問2	問3
	資金		

8	問1	問2	問3

9	問1	問2

10	問1	問2	問3

11	問1	問2	問3	問4

得点
5〜13小計

12	問1	問2	問3

13	問1	問2	問3	問4	問5	問6	問7

学校名	学年	年　　組　　番	名前	総得点

「ビジネス基礎」解答用紙

1	(1)	(2)	(3)	(4)	(5)

2	(1)	(2)	(3)	(4)	(5)

3	(1)	(2)	(3)	(4)	(5)

4	(1)	(2)	(3)	(4)	(5)

（2は，すべてに同一の記号を記入した場合は5問全部を無効にします。）
（4は，すべてに○を記入した場合は5問全部を無効にします。）

得点
1〜4小計

5	問1	問2	問3	問4	問5

6	問1	問2	問3

7	問1	問2

8	問1	問2	問3

9	問1	問2	問3

10	問1	問2	問3
	組織		

11	問1	問2	問3

12	問1	問2

13	問1	問2	問3

13	問4	問5	問6
		預金	

得点
5〜13小計

学校名		学年	年	組	番	名前		総得点	

「ビジネス基礎」解答用紙

1	(1)	(2)	(3)	(4)	(5)

2	(1)	(2)	(3)	(4)	(5)

3	(1)	(2)	(3)	(4)	(5)

4	(1)	(2)	(3)	(4)	(5)

(2 は，すべてに同一の記号を記入した場合は5問全部を無効にします。
4 は，すべてに○を記入した場合は5問全部を無効にします。)

得 点
1 ～ 4 小計 ☐

5	問1	問2	問3	問4	問5

6	問1		問2	問3
		システム		

7	問1	問2	問3

8	問1	問2	問3	問4

9	問1	問2	問3	問4
		と　　　　　　　の分離		

10	問1	問2

11	問1	問2	問3
			サイクル

12	問1	問2	問3
	売買契約の		

13	問1	問2	問3

得 点
5 ～ 13 小計 ☐

学校名		学年	年	組	番	名前	

総得点 ☐

「ビジネス基礎」解答用紙

1	(1)	(2)	(3)	(4)	(5)

2	(1)	(2)	(3)	(4)	(5)

3	(1)	(2)	(3)	(4)	(5)

4	(1)	(2)	(3)	(4)	(5)

（ 2は，すべてに同一の記号を記入した場合は5問全部を無効とします。）
（ 4は，すべてに○を記入した場合は5問全部を無効とします。）

得　点

1～4小計

5	問1	問2	問3	問4	問5

6	問1	問2

7	問1		問2
		量	

8	問1		問2	問3
		の生活		

9	問1	問2	問3

10	問1	問2	問3

11	問1		問2	問3
		税		

12	問1	問2	問3
			割引き

13	問1	問2	問3	問4	問5	問6
				預金		

学校名		学年	年	組	番	名前	

総得点

第37回　商業経済検定試験
「ビジネス基礎」解答用紙

1	(1)	(2)	(3)	(4)	(5)

2	(1)	(2)	(3)	(4)	(5)

3	(1)	(2)	(3)	(4)	(5)

4	(1)	(2)	(3)	(4)	(5)

得　点

(2 は，すべてに同一の記号を記入した場合は5問全部を無効とします。)
(4 は，すべてに○を記入した場合は5問全部を無効とします。)

1 ～ 4 小計

5	問1	問2	問3	問4	問5

6	問1	問2
		s

7	問1	問2	問3
			チェーン

8	問1	問2	問3

9	問1	問2
		業務

10	問1	問2	問3

11	問1	問2	問3

12	問1	問2	問3

13	問1	問2	問3	問4	問5	問6
						円

学校名		学年	年	組	番	名前		総得点	

127

令和5年度版
全商商業経済検定模擬試験問題集
3級　ビジネス基礎

解答・解説編

① **出題テーマ** エネルギーに関する課題とビジネス

▶**問1.** 正解は**再生可能**エネルギー

解説 下線部(a)に示されているエネルギーを再生可能エネルギーという。石油や石炭，天然ガスなどの化石燃料は，有限な資源であるのに対して，太陽光や風力，地熱といった地球資源の一部など自然界に常に存在するエネルギーである。特徴として，「枯渇しない」「どこにでも存在する」「CO_2を排出しない（増加させない）」の3点が挙げられる。しかし，太陽光，風力などは，天候によって発電量が大きく変動するため不安定であり，全般的に発電コストが高いというデメリットもある。

> **Point** エネルギーに関する課題は，新たなエネルギーの開発と，そもそもエネルギー使用の効率化を図ろうとする「省エネルギー」とをあわせて考えていく必要がある。

▶**問2.** 正解は**イ**

解説 船舶輸送では，主に工業原料や資材，エネルギー原料などの大規模な国内外の輸送を担う。そのうち，石油やセメントなど大量の原材料を運ぶことに使用される不定期船は「トランパー」と呼ばれる。よって，イが適切である。アの「ライナー」は，船舶輸送のなかでも，一般貨物を運ぶ定期船のことである。ウの「フレイター」は，航空輸送に用いられる貨物専用機のことである。

▶**問3.** 正解は**ウ**

解説 商品の輸送サービスを主に提供する運輸業には，その輸送の手段によって，自動車輸送，船舶輸送，鉄道輸送，航空輸送に分けられる。アは，「機動性に優れる」，「小口の輸送」，「戸口から戸口へ」という記述から，トラックによる自動車輸送についての説明であることがわかる。イは，「海外との取引」とあるが，「鮮度が重視される」ともあるので，船舶輸送についての説明ではなく，航空輸送についての説明であるといえる。よっていずれも不適切である。ウは，船舶輸送の特徴について説明した内容として適切なものといえる。

② **出題テーマ** ビジネス・モデルの構築

▶**問1.** 正解は**サブスクリプション**

解説 下線部(a)のような，定額制のビジネス・モデルをサブスクリプションという。以前より，動画や音楽の配信サービスでは，サブスクリプションの採用が普及していたが，最近では洋服やブランド品などの分野にもみられるようになっている。サービスを提供する側にとっては，継続的に売上を得られることや，将来の利益を計算しやすいといったメリットがある。また，利用者側は，購入すると高額となる商品やサービスを，安い価格で気軽に試してみることができるといったメリットや，保管や管理の手間がかからないというメリットがある。

▶**問2.** 正解は**イ**

解説 地域のビジネスを考えるうえでは，地域の活性化を目指すことが重要となる。このように国や地方自治体をはじめ，地域に暮らす人々や企業が目指す取り組みを「地方創生」という。よってイが適切である。アの「リノベーション」とは，建物に大規模な増築や改築を施すことをいい，地方で多く見られる空き家や空店舗に対して行われることが求められている。ウの「DMO」とは，デスティネーション・マーケティング（マネジメント）・オーガナイゼーションの略であり，旅行者にとって魅力的な観光地をつくることを目的とした組織のことをいう。

▶**問3.** 正解は**ウ**

解説 ウの「ビッグデータ」とは，形式が多種多様で膨大なデータのことである。そのうち，「人流ビッグデータ」とよばれるデータは，ある特定のエリア，また時間帯を区切ったときに，どのぐらいの人がそのエリアに滞在しているか，その年齢や性別などの属性などを，個人が識別されない形で集計しデータ化したものをいう。このデータは，主にスマートフォンの位置データを活用していることが多い。よって，ウが正解となる。アの「フェイクニュース」とは，本物のように偽った虚偽のニュースのこと，イの「シェアリング・エコノミー」は，インターネットを介して個人と個人の間で使っていないモノ・場所・技能などを貸し借りするサービスや，そのような経済の動きのことを指す用語である。

重要用語の確認

❶商業の学習とビジネス

1 創造性 2 消費 3 商品 4 生産 5 ビジネス 6 流通 7 もの 8 サービス 9 第一次産業 10 第二次産業 11 第三次産業 12 インフラ 13 ニーズ 14 ICT 15 産業構造の高度化 16 サービス経済化 17 IoT 18 情報セキュリティ 19 情報モラル 20 情報リテラシー 21 Society 5.0 22 インバウンド 23 SNS 24 グローバル化 25 フィルム・ツーリズム 26 ローカライゼーション 27 再生可能エネルギー 28 低炭素社会 29 高付加価値商品 30 少子高齢化 31 ノーマライゼーション 32 福祉 33 ユニバーサルデザイン 34 SDGs

❷ビジネスに対する心構え

35 遵法精神 36 コミュニケーション 37 インフォーマルコミュニケーション 38 間接的コミュニケーション 39 直接的コミュニケーション 40 ノンバーバルコミュニケーション 41 バーバルコミュニケーション 42 フォーマルコミュニケーション 43 ５Ｗ３Ｈ 44 復唱 45 ビジネスマナー 46 挨拶 47 会釈 48 普通礼（敬礼） 49 最敬礼 50 身だしなみ 51 敬語 52 尊敬語 53 謙譲語 54 丁寧語 55 二重敬語 56 敬称 57 ホスピタリティ 58 名刺 59 個人情報 60 白書 61 フォロー機能 62 内部情報 63 ビッグデータ

❸経済と流通

64 経済 65 卸売業 66 小売業 67 金融 68 保管 69 保険 70 輸送 71 情報通信 72 経済主体 73 家計 74 企業 75 政府（財政） 76 国際経済 77 国民経済 78 生産要素 79 土地 80 資本 81 労働力 82 希少性 83 トレード・オフ 84 機会費用 85 需要 86 供給 87 均衡価格 88 均衡点 89 価値的隔たり 90 空間的隔たり 91 時間的隔たり 92 情報的隔たり 93 人的隔たり（所有的隔たり） 94 商流 95 物流 96 情報流 97 インターネット通販 98 間接流通 99 直接流通 100 ファーマーズ・マーケット 101 流通経路（流通チャネル） 102 産業用品 103 生活用品 104 製造小売 105 最寄品 106 買回品 107 専門品 108 Ｂ to Ｃ 取引 109 Ｂ to Ｂ 取引 110 NB商品（ナショナル・ブランド商品） 111 PB商品（プライベート・ブランド商品） 112 中抜き 113 POSシステム 114 アプリ 115 ウェブルーミング 116 Ｏ２Ｏ 117 オムニチャネル 118 ショールーミング 119 六次産業化 120 製造業 121 ブランド 122 インターナル・マーケティング 123 おもてなし 124 家事代行サービス 125 シェアリング・エコノミー 126 サービタイゼーション 127 差別化 128 チェーン化 129 コーポレートチェーン 130 ロイヤリティ（権利使用料） 131 フランチャイズチェーン 132 フランチャイザー 133 フランチャイジー 134 ボランタリーチェーン 135 一般小売店 136 カテゴリーキラー 137 業種 138 業態 139 専門店 140 無店舗販売 141 SPA 142 対面販売 143 テナント 144 百貨店（デパート） 145 スーパーマーケット（食品スーパー） 146 生鮮三品 147 セルフサービス方式 148 セルフレジ 149 総合スーパー 150 ネットスーパー 151 ID-POS 152 コンビニエンスストア 153 均一価格店 154 DIY 155 ディスカウントストア 156 都市型小規模スーパーマーケット 157 ドラッグストア 158 ホームセンター 159 通信販売 160 訪問販売 161 Wi-Fi自動販売機 162 アウトレットモール 163 核テナント 164 商業集積 165 商店街 166 ショッピングセンター 167 ワンストップショッピング 168 カスタマーエクスペリエンス 169 グローサラント 170 取引総数最小化の原理 171 不確実性プール原理 172 一次卸 173 寡占化 174 産地卸 175 消費地卸 176 仲継卸 177 二次卸 178 情報管理 179 荷役 180 包装 181 流通加工 182 運輸業 183 鉄道輸送 184 航空輸送 185 自動車輸送 186 船舶輸送 187 倉庫業 188 トランパー 189 ライナー 190 フレイター 191 倉庫 192 営業倉庫 193 自家倉庫 194 シーアンドエア 195 物流センター 196 フレートライナー 197 モーダルシフト 198 サプライ・チェーン・マネジメント（SCM） 199 ロジスティクス 200 金融業 201 間接金融 202 直接金融 203 預金業務 204 貸出業務 205 為替業務 206 銀行 207 銀行の三大業務 208 定期性預金 209 要求払い預金 210 証書貸付 211 手形貸付 212 当座貸越 213 有価証券 214 証券会社 215 政策保険 216 普通保険 217 生命保険 218 相互扶助 219 損害保険 220 被保険者 221 保険金 222 保険契約者 223 保険者 224 保険料 225 フィンテック 226 デジタル・トランスフォーメーション 227 インターネット・サービス・プロバイダ 228 公共放送 229 民間放送 230 SaaS 231 AI 232 スマート家電

❹取引とビジネス計算

233 手形割引 234 売買契約 235 売買契約の締結 236 売買契約の履行 237 商標 238 銘柄 239 FOB価格（本船渡し価格） 240 CIF価格（運賃保険料込み価格） 241 建 242 建値 243 度量衡 244 見積もり 245 見積依頼書 246 見積書 247 注文書 248 注文請書 249 検収 250 納品書（送り状） 251 物品受領書 252 請求書 253 領収証（領収書） 254 強制通用力 255 現金通貨 256 小切手 257 不渡り 258 一般線引小切手 259 特定線引小切手 260 自行あて小切手 261 持参人払い 262 約束手形 263 裏書き 264 為替手形 265 銀行振込

266 口座振替　267 キャッシュレス決済　268 コード決済
269 電子マネー　270 概数　271 概算　272 端数処理
273 基準量　274 比較量　275 割合　276 割増　277 割引
278 代価　279 仕入原価　280 仕入諸掛　281 見込利益額
282 値入れ　283 見込利益率（値入率）　284 予定売価（予
定販売価格，定価）　285 実売価（実販売価格，売価）
286 値引率　287 損失額　288 損失率　289 利益額　290
利益率　291 換算　292 換算高　293 換算率　294 被換算
高　295 貨幣換算　296 元金　297 単利　298 複利　299
複利終価　300 片落とし　301 両端入れ　302 手取金
303 割引日数　304 割引料　305 複利年金終価　306 約定
値段　307 約定代金　308 指値　309 利回り　310 経過利
子　311 利付債券　312 利息（利子）

❺企業活動

313 リーダーシップ　314 企業　315 イノベーション
316 企業家精神（起業家精神，アントレプレナーシップ）
317 経営資源　318 カネ　319 ヒト　320 モノ　321 株式
322 株主　323 株主総会　324 定款　325 取締役会　326
企業倫理　327 コーポレート・ガバナンス（企業統治）
328 職能別組織（機能別組織）　329 事業部制組織　330 経
営理念　331 外発的動機付け　332 内発的動機付け　333
モチベーション　334 サブスクリプション　335 PDCA
サイクル　336 ビジネス・モデル　337 社債　338 財務諸
表　339 デリバティブ（金融派生商品）　340 ダイバーシ
ティ　341 ワークライフバランス　342 付加価値　343 経
営（マネジメント）　344 営利企業　345 株式会社　346
監査役　347 公企業　348 公私合同企業　349 私企業
350 法人　351 協同組合　352 合資会社　353 合同会社
354 合名会社　355 執行役員　356 出資と経営の分離（所
有と経営の分離，資本と経営の分離）　357 無限責任
358 有限責任　359 持分会社　360 コンプライアンス（法
令遵守）　361 規模の経済　362 競争　363 競争戦略
364 全社戦略　365 プロジェクト・マネジメント　366 顧
客満足　367 マーケティング　368 マーケティング・ミッ
クス　369 4P政策　370 流通政策　371 資金調達　372
運転資金　373 設備資金　374 クラウドファンディング
375 株式公開　376 アカウンタビリティ　377 受託責任
378 説明責任　379 返済責任　380 利害関係者（ステーク
ホルダー）　381 利害調整　382 間接税　383 直接税
384 消費税　385 法人税　386 地方税　387 国税　388 申
告納税方式　389 賦課課税方式　390 完全失業率　391 雇
用契約　392 超高齢社会　393 賃金　394 終身雇用　395
職能　396 正社員　397 年功序列型賃金制度　398 成果主
義賃金制度　399 職務給制度　400 リストラ　401 同一労
働同一賃金　402 労働組合　403 契約社員　404 非正規雇
用　405 アルバイト・パートタイム労働者　406 派遣社員

407 福利厚生制度　408 テレワーク

❻身近な地域のビジネス

409 買い物弱者　410 ライドシェア　411 地域ブランディ
ング　412 地方創生　413 インバウンド消費　414 オーバ
ーツーリズム　415 DMO　416 観光列車　417 地域通貨
418 コミュニティ・ビジネス　419 産業観光　420 リノベ
ーション

1	(1)	(2)	(3)	(4)	(5)
	ウ	エ	イ	ア	オ

2	(1)	(2)	(3)	(4)	(5)
	B	A	A	A	B

3	(1)	(2)	(3)	(4)	(5)
	エ	オ	ウ	ア	イ

4	(1)	(2)	(3)	(4)	(5)
	○	ア	エ	オ	イ

5	問1	問2	問3	問4	問5
	ア	ウ	イ	イ	ア

6	問1	問2	問3
	イ	PB商品（プライベートブランド商品）	ウ

7	問1	問2	問3
	イ	ウ	ア

8	問1	問2	問3
	ウ	ウ	株主総会

9	問1	問2
	ア	イ

10	問1			問2	問3	問4
	希	少	性	ア	ウ	ウ

11	問1	問2		
	ウ	産	業	観光

12	問1	問2
	イ	ウ

13	問1	問2	問3	問4	問5	問6
	見積書	ア	イ	イ	イ	ア

① **出題テーマ** 流通の役割

正解は(1) **ウ**　(2) **エ**　(3) **イ**　(4) **ア**　(5) **オ**

解説 生産と消費の間にはさまざまな隔たりがある。この隔たりには次のようなものがある。

分類	特徴・例
人的隔たり	生産者と消費者が別々である場合に生じる隔たりで，その橋渡しとなる流通の機能は売買となる。 **例**米…農家(生産)→米穀店(売買)→消費者(消費)
空間的隔たり	生産地と消費地が異なることから生じる隔たりで，その橋渡しとなる流通の機能は輸送となる。 **例**米…新潟(生産)→車両(輸送)→東京(消費)
時間的隔たり	生産の時期と消費の時期が異なることから生じる隔たりで，その橋渡しとなる流通の機能は保管となる。 **例**暖房器具…夏(生産)→倉庫(保管)→冬(消費)
情報的隔たり	生産者は消費者ニーズをつかみにくく，消費者は生産者がつくる商品のことがわかりにくいために生じる隔たりで，流通業による情報の移動がその橋渡しをしている。 **例**流通業から生産者に消費者の商品に関するニーズを伝える。流通業から消費者に，生産者がどのような商品をつくっているかの情報を伝える。
価値的隔たり	生産者が売りたい価格と消費者が買いたい価格が異なるために生じる隔たりで，流通業による情報の移動が橋渡しをしている。 **例**流通業から生産者に消費者の価格に対するニーズを伝える。流通業から消費者に生産者の工夫や苦労を消費者に伝え，売りたい価格を知らせる。

よって，(1)がウ，(2)がエ，(3)がイ，(4)がア，(5)がオとなる。

> **Point** 流通が，生産と消費の隔たりの橋渡しをしていることを理解しよう。

② **出題テーマ** 物流の主な活動

正解は(1) **B**　(2) **A**　(3) **A**　(4) **A**　(5) **B**

解説 (2)(3)(4)は物流の主な活動に関する説明である。それぞれ，(2)流通加工(3)情報管理(4)荷役を示している。なお，(1)は情報通信業のインターネット付随サービス業，(5)は卸売業の活動を示している。

> **Point** 物流業は輸送，保管が主な収入源だが，包装，流通加工，荷役などの付加価値をつけることで手数料を得ている。さらに情報管理によって，効率化が図られている。

③ **出題テーマ** 小売業の業態

正解は(1) **エ**　(2) **オ**　(3) **ウ**　(4) **ア**　(5) **イ**

解説 業態で分類することは，「何をどのように売っているのか」で分類することである。それぞれの小売業の業態は次のとおりである。

(1) 一般小売店…鮮魚店や青果店のように特定の種類の商品だけを，比較的小規模で売っている。正解はエ。

(2) 専門店…種類をしぼった専門性の高い商品を，高い専門知識を持った販売員が接客して売っている。正解はオ。

(3) 百貨店…衣料品や食料品など幅広い商品を，部門ごとに対面販売を中心として売っている。正解はウ。

(4) スーパーマーケット…生鮮三品（青果，鮮魚，精肉）を中心に，食料品をセルフサービス方式で売っている。正解はア。

(5) 製造小売…商品を仕入れるのではなく，自社独自で生産した商品を自社で売っている。正解はイ。

> **Point** 小売業の業態（何をどのように売っているのか）について，それぞれの特徴を理解しよう。

④ **出題テーマ** ビジネスと売買取引

正解は(1) **○**　(2) **ア**　(3) **エ**　(4) **オ**　(5) **イ**

解説 (1) 外国との取引において，船を使う輸送手段の場合の価格の決め方として，船積み港で商品を本船に積み込むまでにかかる費用を売り手が負担する価格をＦＯＢ価格（本船渡し価格）という。よって，正解は○。なお，ＦＯＢ価格に海上運賃や海上保険料を加えた価格をＣＩＦ価格（運賃保険料込み価格）という。

(2) 事業者が自己の商品であることを示すため，特許庁に登録することで登録者が独占的に使用できる標識をアの「商標」という。なお，銘柄とはその商品について一定の品質が社会的に認められたことを示す通り名のことである（例　魚沼産こしひかり）。

(3) 割引の計算方法は次のとおりである。

割引の結果＝基準量－基準量×減少量の割合

　　　　　＝基準量×（１－減少量の割合）

基準量＝割引の結果÷（１－減少量の割合）　なので，

100,000（割引の結果）÷（１－0.2（減少量の割合））

＝125,000（基準量）となる。正解はエ。

(4) 日数の計算には，初日か最終日の一方のみを日数として加える片落としと，初日と最終日のいずれも日数として加える両端入れがある。本問は両端入れのため，初日と最終日ともに入れて数え，オの「8日」となる。

(5) 換算では，換算される数を被換算高，換算された数を換算高という。また，一方の単位の1単位に対するもう一方の単位の量を示したものを換算率という。計算方法は次のとおりである。

【換算率と被換算高の単位が異なる場合】
　　換算高＝被換算高×換算率
【換算率と被換算高の単位が同じ場合】
　　換算高＝被換算高÷換算率

本問においては，換算率と被換算高が異なるので，$10,000（被換算高）×¥125（換算率）＝¥1,250,000（換算高）となる。正解はイ。

> **Point** ビジネス計算問題は必ず出題されている。必ず準備しておこう。

5 出題テーマ 場面に応じたビジネスマナー

問1．正解はア

解説 ビジネスにおいては，どのような場面でも「自分の応対が会社の印象を左右する」ことになる。そのため，応対においては，本問のアの「ホスピタリティ」（日本語では「おもてなし」が似たような意味）の気持ちを持つことが大切である。なお，イの「リテラシー」とは習得した知識を活用して問題を解決する能力であり，ウの「コンピテンシー」とは経験を積むことで身に付けた行動特性のことを指す。リテラシーとコンピテンシーは，どんな時代が来ても，どこにいても通用するスキル（ジェネリックスキル）と呼ばれている。

問2．正解はウ

解説 電話応対の準備として，いつ電話がかかってきても応対できるように，常にメモ用紙と筆記用具を用意しておく。最も適切なのはウである。

問3．正解はイ

解説 社外の人に社内の人のことを言う場合，会社での役職や年齢が上でも，敬称はつけない。イの「課長の武井」となる。

問4．正解はイ

解説 謙譲語とは自分や身内側の動作をへりくだって表現することで，間接的に相手を高めて敬意を表す敬語である。よって，「行く」の謙譲語は，イの「伺う」，または参るとなる。

問5．正解はア

解説 電話応対においては，聞きもらしや聞き間違いにより，相手の会社に迷惑をかけたり，自社に損害を与えたりする場合がある。このような事態を避けるため，復唱することによってメモの内容が正しいか確認する。アが最も適切である。

> **Point** 電話応対についてはロールプレイングなどの練習を重ね，その技術を身に付けよう。電話応対は内容を覚えるだけでは，実践できるとは言えず，また，検定への対応も難しい。ロールプレイングなどで練習して技術を身に付けるようにしよう。友人と練習するとよいだろう。

6 出題テーマ 流通の進化

問1．正解はイ

解説 生活用品は購買慣習によって，次のように分類することができる。

生活用品の種類	内容
最寄品	低価格，購買頻度が高く，最寄りの店舗で購入する商品。
買回品	比較的高価格で，購買頻度が少なく，いくつかの店舗を回って比較して購入する商品。
専門品	高価格で，購買頻度がきわめて少なく，特定の専門店をたずねて購入する商品。

よって，下線部(a)はイの「買回品」の説明である。

問2．正解はPB商品（プライベートブランド商品）

解説 商品は多くの場合，生産者であるメーカーが開発・製造している。しかし，小売業が商品を企画・開発する商品もあり，次のように分類される。

NB商品	大手メーカーがつくる商品。
PB商品	小売業者が商品を企画してつくる独自の商品。

下線部(b)はA社が企画・開発している商品とあるので，PB商品だと判断できる。

問3．正解はウ

解説 インターネット通販のメリットを問う問題である。自らの日常における生活をふり返るとともに，本文のヒントをしっかりと読み取る必要がある。インターネット通販では，購入時に個人情報が必要となるため，コンビニエンスストアのPOSシステムなどと比べても，正確な情報を確実に蓄積することができるため，アは正しいといえる。インターネット通販への参入では，実店舗が進出していない地域での販売に加え，実店舗との相乗効果をめざすことになる。よってイは正しいといえる。選択肢ウについては，インターネット通販への参入は，実店舗との相乗効

果をめざすことが多いが，ショールーミング（消費者が，店舗においては実物を確認するだけで購入せずに，インターネットで商品を注文する行動）が必ずしも自社のメリットになるわけではない。また，店舗や人員は削減せざるを得ないことはあるが，実店舗の人員削減をインターネット通販によるメリットとしてとらえる企業は多くないだろう。よって，ウは適切ではないといえる。

> **Point** 本文参照型問題では文章のなかにヒントがある。たとえば，第１回模擬試験問題の大問⑥おいては，以下のように解答を導くとよいだろう。
> 需要が見込めるインターネット通販限定商品を販売…需要が見込める顧客情報を得ているとわかる。
> インターネット通販で購入した商品の実店舗での受け取り無料…顧客が店舗に行く機会となり，店舗でのついで買いなどの相乗効果が期待される。

⑦ **出題テーマ** 金融

問１．正解はイ

解説 直接金融とは，資金供給者から資金需要者への融通が直接的に結びついている金融である。イは直接金融であり，証券会社の委託売買業務の内容だと推測される。なお，アは銀行，ウは保険会社の業務である。

問２．正解はウ

解説 企業の種類として，普通銀行は株式会社形態である。また，民間資本により運営されているので民間金融機関ともいえる。よって，ウが最も適切である。なお，協同組合形態としては農業協同組合などがあり，特別な法律に設立根拠がある特殊会社形態としては日本郵政株式会社などが挙げられる。公的金融機関とは，一般の金融機関からの融資が困難な事業者への資金供給を目的として，政府が資金を出している金融機関である。

問３．正解はア

解説 為替業務とは，銀行が仲立ちして送金や手形，小切手の取り立てを行う業務である。なお，金融機関は顧客から預かっている有価証券は運用できない。よって，選択肢イは間違いである。また，選択肢ウは信託銀行の信託業務であるため間違いである。

> **Point** 銀行，証券会社，保険会社といった金融機関について，その特徴を理解しておこう。

⑧ **出題テーマ** 株式会社

問１．正解はウ

解説 公私合同企業は，国や地方公共団体と民間が合同で出資し設立する企業である。公私合同企業には，ウの日

本銀行のほか，日本電信電話株式会社や株式会社商工組合中央金庫といった企業が挙げられる。

問２．正解はウ

解説 株主の権利として，その出資割合に応じて，配当金を受け取ったり，株主総会で議案に意見を述べたり，議決権を行使したりすることができる。よって，ウが最も適切である。取締役会は株主総会で選任された取締役により業務執行の方針やその執行の監督を行うが，取締役に選任されていない株主には議決権はないので，アは間違いである。

問３．正解は株主総会

解説 株式会社では，株主総会と取締役は必ず設置しなければならない。株主総会は最高の意思決定機関であり，「株式会社に関する一切の事項について決議をすることができる」（会社法第295条第１項）という，強力な権限が認められている。

> **Point** 現在多くの企業が株式会社であるため，検定試験でも出題の可能性は高い。その特徴について，しっかり理解しておこう。

⑨ **出題テーマ** マーケティング

問１．正解はア

解説 ビジネスを成長させるためには，新しい技術の開発や流通のしくみの工夫，新しいアイディアの創造などが必要となる。このような新しい技術やアイディアを生み出す能力をアの「創造性」という。

問２．正解はイ

解説 ４Ｐ政策は，製品政策（Product），価格政策（Price），流通政策（Place），プロモーション政策（Promotion）の四つの政策のことである。それぞれ以下のような内容を決定する。

４Ｐ政策	内容
製品政策	どのような製品やサービスを提供するのか。
価格政策	値段をどのようにするのか。
流通政策	商品やサービスをどのように消費者に届けるか。
プロモーション政策	どのように製品やサービスを知ってもらうのか，どうしたら消費者に買いたいと思ってもらえるのか。

よって，下線部(b)はイの「プロモーション政策」である。

> **Point** ４Ｐ政策がどのようなものであるか，理解を深めておこう。

⑩ 出題テーマ　企業活動の基礎

問１．正解は希少性

■解説▶ 下線部(a)のように消費者が欲しがるすべての商品を生産するのに十分な生産要素がないことを生産要素の希少性という。

問２．正解はア

■解説▶ A社のような新たなビジネスを創造するためには，新しい技術やアイディアで，価値を創造する革新を行う必要がある。このような革新をイノベーションという。アが最も適切である。

問３．正解はウ

■解説▶ 下線部(c)には「自社のインターネットサイト」とあるため，生産者から消費者へ直接ブドウが届けられるとわかる。よって，流通経路はウの「生産者→消費者」となる。

問４．正解はウ

■解説▶ 新しい企業や新しいビジネスを創造する意欲のことを企業家精神（起業家精神，アントレプレナーシップ）という。よって，ウが最も適切である。

> **Point**　企業は利益の獲得が目的である。また，イノベーションによって新たなビジネスを創造することも重要となることを理解しよう。

⑪ 出題テーマ　地域活性化

問１．正解はウ

■解説▶ 選択肢アの「コミュニティ・ビジネス」とは，地域住民が主体となり，地域が抱える課題をビジネスの考え方によって解決しようとする活動である。選択肢イの「スポンサーシップ」とは，企業などがスポーツや文化事業などに資金や物品を支援することである。地域密着型企業は，地元クラブチームのスポンサーシップを通じて地域におけるイメージ向上を目指すこともある。選択肢ウの「地域ブランディング」とは，地域独自の魅力を掘り起こし，内外の人々に向けてわかりやすく伝える活動である。よって正解はウとなる。

問２．正解は産業観光

■解説▶ 伝統工芸品の産地や工業品の製造工場，産業遺産などを訪れる観光のことを産業観光という。

⑫ 出題テーマ　経営（マネジメント）

問１．正解はイ

■解説▶ 経営に必要となる資源（経営資源）は，ヒト，モノ，カネ，情報の四つに分類され，それぞれ以下のようなことを指す。

経営資源	内容
ヒト	人材。
モノ	原材料や設備，機械など製品やサービスを生産するために必要なもの。
カネ	企業が活動するための資金。
情報	顧客・競合企業の情報に加え，独自の技術や特許といった知的財産。

これらを上手に組み合わせて利益を出すことで，企業は成長・存続する。よって，イが最も適切である。

問２．正解はウ

■解説▶ 選択肢アの「コンプライアンス」とは法令遵守と訳されるが，法令を守るだけでなく，社会的な倫理や公序良俗などの社会的な規範に従い，業務を行うことをいう。選択肢イの「CSR」とは企業が組織活動を行うにあたって担う社会的責任のことである。社会的責任とは，関係者，環境などへの配慮から社会貢献まで，幅広い内容に対し適切な意思決定を行う責任のことをいう。選択肢ウの「コーポレート・ガバナンス」とは，企業の経営がきちんとされているかをチェックするしくみのことである。よって正解はウとなる。

⑬ 出題テーマ　売買契約の手順，代金決済

問１．正解は見積書

■解説▶ 売買契約の締結に必要な書類とその内容は以下のとおりである。

必要な書類	内容
見積依頼書	販売価格や取引条件について買い手が売り手に見積もりを依頼する書類。
見積書	買い手の見積依頼書に対して回答する書類。
注文書	見積書を見た買い手が売り手に注文の意思を伝える書類。
注文請書	売り手が買い手に対して，注文を請け負ったことを伝える書類。

本問は，下線部(a)に価格の問い合わせに対する回答の書類とあるため，見積書である。

問２．正解はア

■解説▶ 運賃諸掛（しょがかり）とは，運賃，輸送費，関税などのように商品の仕入れや販売の際に掛かるさまざまな費用のことをいう。注文書に運賃諸掛は売り手負担とあるため，売り手であるアの「株式会社加地製作所」が負担する。

問３．正解はイ

■解説▶ 上の表にあるように注文請書とは注文を請け負ったことを伝える文書である。イが正解である。

問４．正解はイ

■解説▶ 売買契約の履行に必要な手続きと内容は以下のとおりである。

出荷	売り手は契約の条件に基づいて商品を発送する。また、買い手に商品の明細を記載した納品書を送付する。
荷受け	買い手は商品が到着すると、検収を行う。検収とは注文書の控えと商品および納品書を照合し、確認することである。商品の品質や数量に間違いがなければ、物品受領書を売り手に送付する。

よって、下線部(c)は荷受け時の検収の内容が記載されていることがわかる。イが正解である。

問5. 正解はイ

■解説▶ 小切手による代金決済時における事故を防ぐ方法に関する出題である。選択肢アは自行あて小切手、選択肢イは一般線引小切手、選択肢ウは特定線引小切手の説明である。下線部(b)は2本の平行線を引いているだけなので一般線引小切手である。よって、正解はイとなる。

問6. 正解はア

■解説▶ 小切手の □①□ には支払人の名称（支払人の取引銀行）を記載する。振出人は株式会社トラットリア鎌倉であるため、その取引銀行であるアの「鎌倉銀行長谷支店」となる。

1

	(1)	(2)	(3)	(4)	(5)
	オ	ウ	ア	イ	エ

2

	(1)	(2)	(3)	(4)	(5)
	A	A	B	B	A

3

	(1)	(2)	(3)	(4)	(5)
	ウ	イ	オ	エ	ア

4

	(1)	(2)	(3)	(4)	(5)
	○	エ	オ	ア	○

5

	問1									問2
	サ	ー	ビ	タ	イ	ゼ	ー	ショ	ン	イ

6

	問1	問2	問3
	ウ	イ	ウ

7

	問1		問2	問3
	運 転	資金	ア	ウ

8

	問1	問2	問3					
	ア	ウ	フ	ィ	ン	テ	ッ	ク

9

	問1	問2
	ウ	イ

10

	問1	問2	問3
	ア	ウ	ウ

11

	問1	問2	問3	問4
	イ	ワンストップショッピング	ア	ウ

12

	問1	問2	問3
	イ	ア	ウ

13

	問1	問2	問3	問4	問5	問6	問7
	ウ	ア	イ	12,000	イ	検 収	イ

① 出題テーマ　経済主体，生産要素

正解は(1)**オ**　(2)**ウ**　(3)**ア**　(4)**イ**　(5)**エ**

■解説▶ 生産，流通，消費といった経済活動を行う主体を経済主体といい，次のようにウの「家計」，オの「企業」，政府の3つに分類することができる。

経済主体	内容
家計	消費を行う経済主体。私たちの家庭。
企業	主に生産，流通を行う経済主体。
政府	家計や企業から税金を徴収して，公共サービスの提供などを行う経済主体。国や地方公共団体。

　企業が商品を生産するために必要な要素を，生産要素という。生産要素は次のエの「土地」，アの「資本」，イの「労働力」の3つから構成される。

生産要素	内容
土地	土地,農地のほか，鉱物や水などの天然資源全般。
資本	商品の生産に用いられる工場，機械，道具など。
労働力	工場の従業員，企画立案者，経営者など。

Point　生産要素における「資本」は，天然資源やほかの資本をもとに，人間の手によって生み出されるものが当てはまる。

② 出題テーマ　ビジネス計算

正解は(1)**A**　(2)**A**　(3)**B**　(4)**B**　(5)**A**

■解説▶ 計算方法はそれぞれ次のとおりである。

(1)$500,000×0.24=120,000$

(2)$48,000÷0.4=120,000$

(3)$200,000×(1-0.6)=80,000$

(4)$150,000×0.04×2=12,000$

(5)$100,000+20,000=120,000$

Point　商業経済検定では，電卓の使用ができないため，計算自体が難しい問題は出題されにくい。むしろ，「○割引き」や「仕入原価」，「複利」などという言葉の意味と計算方法をきちんと理解しておくことが大切である。

③ 出題テーマ　企業活動と税

正解は(1)**ウ**　(2)**イ**　(3)**オ**　(4)**エ**　(5)**ア**

■解説▶ 私たち個人と同様に，企業も法人として税金を納める必要がある。税金は納付先に応じて，国に納める国税と，地方公共団体に納めるウの「地方税」に分けられる。企業活動に関わる税金としては，法人税と消費税が主なものとなっている。イの「法人税」は，法人の事業活動によ

り生じた利益（所得）に課されるのが特徴である。オの「消費税」は，私たち個人も関係するなど，なじみがある税であるが，ものの販売やサービスの提供に対して課されるものである。消費税は，税の負担者は消費者であるが，納税者は各事業者となる。このように，負担者と納税者が異なる税金をエの「間接税」といい，逆に，負担者と納税者が同じ税金を直接税という。日本では，納税者が所得の金額と税額を自分で計算して申告，納税する申告納税方式を採っており，所得の金額や支払う税額を確定することをアの「確定申告」という。

Point　私たちの普段の生活では，税金の中でも消費税くらいしか関わりを感じないかもしれない。実際には多くの税の種類があることを理解するとともに，その特徴や内容を整理できるようにしておこう。

④ 出題テーマ　ビジネスマナー，情報の活用

正解は(1)**○**　(2)**エ**　(3)**オ**　(4)**ア**　(5)**○**

■解説▶ (1) 敬語は大きく分けて，相手の動作を高める「尊敬語」，自分の動作をへりくだる「謙譲語」，丁寧に話す「丁寧語」がある。よって，○が正解である。尊敬語と謙譲語を逆に用いることが無いように注意しなければならない。

(2) お辞儀の仕方には，正しい姿勢から，約15°上体を傾け，視線を約3m先に向ける「会釈」，約30°上体を傾け，視線を約1.5m先に向ける「普通礼」，約45°上体を傾け，視線を約1m先に向ける「最敬礼」がある。よってエが正解である。傾きの角度が大きくなるほど，お辞儀の持つ意味が大きくなることを覚えておくとよい。

(3) 社外の相手に社内の人のことを言う場合には，自分の上司であっても敬称はつけない。なお，社外の相手に対して役職を伝えたいときは，課長などの役職自体が敬称にあたるので，「課長の○○」のように，役職を先につけ，名前を呼び捨てる形にする。よって，オが正解である。

(4) コミュニケーションの分類において，公式な場面で行うものを「フォーマルコミュニケーション」，非公式な場面で行うものを「インフォーマルコミュニケーション」という。よって，アが正解である。

(5) 知的財産権のなかで，思想または感情を創作的に表現した著作物を創作した人に認められる権利を「著作権」という。よって，○が正解である。「意匠権」は，もののデザインなどに関する権利である。

⑤ 出題テーマ　製造業のサービス化

問1. 正解はサービタイゼーション

解説 製造業は従来,「もの」を売ることを中心に活動してきた。しかし, ものは, 普及してくるにつれて他社のものとの違いがだんだんと無くなり, 差別化が難しくなる。そのため, 近年の製造業では, ものにサービスを加えて提供する取り組みが多くみられる。これをサービタイゼーションという。具体的には, これまでの血圧計は,「血圧を測る」という, ものとしての最低限の機能を有するだけのものが多かったが, インターネットを経由して, 測定結果を自動的に記録し, 集計していくアプリが付属している製品などもある。

問2. 正解はイ

解説 今日のインターネットの普及にともなう情報化社会の進展により, これまでの技術では処理できないほどの膨大で, 形式が多種多様なデータが収集されるようになった。このようなデータをイの「ビッグデータ」という。なお, アメリカの大手IT調査会社であるガートナー社は, ビッグデータの特徴を「量(volume)」「種類(variety)」「入出力や処理の速度(velocity)」の3つの要素から成り立つと定義している。

6 出題テーマ 隔たりと流通の機能

問1. 正解はウ

解説 流通は, 生産と消費の間にあるさまざまな隔たりを橋渡しする役割を担っている。このさまざまな隔たりの種類と内容は, 以下のとおりである。

隔たりの種類	内容
人的隔たり	生産者と消費者が別々である場合に生じる隔たり。所有権の移転に関連することから, 所有的隔たりともいう。
空間的隔たり	生産地と消費地が異なることから生じる隔たり。
時間的隔たり	生産の時期と消費の時期が異なることから生じる隔たり。
情報的隔たり	生産者と消費者の間で, 持っている情報が異なることから生じる隔たり。
価値的隔たり	生産者が売りたい価格と消費者が買いたい価格が異なることから生じる隔たり。

ここでは, 生産者と消費者が別々である場合の隔たりを問われているので, ウの「人的隔たり」が該当する。

問2. 正解はイ

解説 流通による隔たりの橋渡しの活動と内容については, 以下のとおりである。

活動	内容
商流	売買により所有権を移転させて, 人的隔たりを橋渡しする。
物流	輸送により空間的隔たりを橋渡ししたり, 保管により時間的隔たりを橋渡ししたりする。
情報流	生産者と消費者の間の情報の移動により, 情報的隔たりと価値的隔たりを橋渡しする。

ここでは, 輸送と保管についての機能を問われているので, イの「物流」が該当する。

問3. 正解はウ

解説 ファーマーズ・マーケットとは, 地域の農家が複数集まり, 自家製の農産物を消費者に直接販売する取り組みのことである。アは, 消費者に直接販売する以上, 一般的な小売業と同様に, 広告を行うことも必要であり, また商品の陳列についても考える必要があるので, 不適切な内容である。イは, 消費者に直接販売することで, 販売した価格がそのまま売り上げになることから, 収入の増加が見込まれるため, 不適切な内容である。ウは, 記述の通りであり, 適切な内容といえる。

> **Point** さまざまな隔たりを解消するために流通が存在している。どの隔たりにどの流通が対応しているのか理解しておこう。

7 出題テーマ 資金調達

問1. 正解は運転資金

解説 ビジネスにおいて必要とされる資金は, 運転資金と設備資金に分けられる。運転資金とは, 商品の仕入れや水道光熱費のように日々の業務に必要な資金のことである。設備資金とは, 土地や建物, 機械装置など, 長期間にわたり利用する設備の購入に必要な資金のことである。

問2. 正解はア

解説 資金を調達するための代表的な方法と特徴は, 以下のとおりである。

資金調達の代表的な方法	特徴
金融機関からの借り入れ	返済の義務があり, 利息を支払う必要もある。保証人や担保が必要になることがあり, 自社の財政状態や経営成績などを金融機関に説明し, 借り入れの可否が判断される。
社債の発行	発行企業が決めた社債の総額や利率, 返済の方法や期限などの募集事項を公表しなければならない。社債を発行することで, 多数の投資家から資金を調達することができる。企業に高い信用度が求められるため, 発行が大企業に限られる現状がある。
株式の発行	資金の返済の必要がなく, 広く集められる。ただし, 出資者である株主からは, 高額の配当金を求められたり, 会社の経営に介入されたりすることがあり得る。

上記の社債の発行についての特徴から, アは適切な内容であるが, イとウについては不適切な内容であるといえる。

問3. 正解はウ

解説 資金調達については, さまざまな責任が発生することになる。アは, 調達した資金を契約通りに返済, または償還するという責任である。イは, 株主から受託した金

銭を適切に，管理，保全，運用するという責任である。ウは，調達した資金について，そのお金がどうなっているか，またはどうなったかという点について説明する責任である。よって，問われている内容からウが正解となる。

8 　出題テーマ　保険

問1．正解はア

解説 保険のしくみについては，以下のようにまとめることができる。

用語	内容
保険者	保険事業を営む者。保険会社があたる。
保険契約者	保険者と保険契約を結び，保険料を支払う者。
被保険者	保険の対象となる者，または対象となる財産を持つ者。
保険料	リスクに備えて，保険契約者が保険者に支払うお金。
保険金	損害にあった際に，保険契約者や被保険者などの受取人に支払われるお金。

　ここでは，保険事業を営む者について問われているので，アの「保険者」が該当する。

問2．正解はウ

解説 保険の種類は，民間の保険会社が扱う普通保険と，国などの政策遂行のための政策保険に分けられる。普通保険の種類は，以下のように大きく3つに分けられる。

普通保険の種類	内容
生命保険	主に人の生死を保険の対象とした保険。
損害保険	建物，家財，商品などの財産を対象とした保険。代表的なものは火災保険，自動車保険など。
第3分野の保険	上記の2つにあてはまらない，疾病・傷害分野の保険。代表的なものは医療保険，ガン保険，傷害保険など。

　ここでは，損害保険について問われているので，ウが該当する。

問3．正解はフィンテック

解説 フィンテックとは，金融（Finance）とIT技術（Technology）を合わせた造語である。問題文で記載されている「IT技術を駆使した金融サービス」や「新しい金融サービスを創出するIT技術」といった意味で使われている。

> **Point** 保険の分野では多くの似たような用語を区別しておぼえなければならない。私たち個人の立場から考えると，保険料＝支払うお金，保険金＝受け取るお金，などと整理すると理解しやすくなる。

9 　出題テーマ　企業倫理

問1．正解はウ

解説 企業は自社の利益だけを考えて活動するのではなく，企業の周囲に存在しているステークホルダーのことも考えて活動することが求められている。ウの「ステークホルダー」とは，国や地方公共団体，取引先，消費者，出資者，従業員，地域社会など，企業活動によって，利益を得たり損害を受けたりする人々や組織を意味する。アの「ディスクロージャー」は，企業が投資家や株主，債権者などに対して経営内容などを開示する情報開示を意味する。イの「アントレプレナー」は，起業家と呼ばれる，事業を立ち上げて経営に乗り出す人を表す言葉である。

問2．正解はイ

解説 企業の経営がきちんとなされているのかを取締役会や株主などがチェックするしくみをイの「コーポレート・ガバナンス」という。企業統治と訳され，社外取締役や社外監査役など，社外の管理者によって経営を監視することが多くみられる。アの「CSR」は，企業の社会的責任を表す言葉で，企業が活動を通して，自主的に社会に貢献する責任を表す。ウの「コンプライアンス」は，企業などが法令や規則をしっかり守ることを意味し，法令遵守などと訳される。

10 　出題テーマ　卸売業

問1．正解はア

解説 卸売業を機能別にみた種類は，以下のようにまとめることができる。

機能別種類	内容
産地卸	生産地の近くにあって商品の収集機能を持つ。
仲継卸	生産地と消費地の間にあって商品の仲継機能を持つ。
消費地卸	消費者の近くにあって商品の分散機能を持つ。

　ここでは，商品の収集機能を持つ卸売業について問われているので，アの「産地卸」が該当する。

問2．正解はウ

解説 卸売業は，流通経路で生産者と小売業の橋渡しをしている。アについてみると，もし卸売業が存在しなかったとすると，生産者と小売業は直接取引を行わなければならないため，おたがいの数を掛け合わせただけの取引回数が必要となる。一方，生産者と小売業の間に卸売業が入ることにより，直接取引よりも取引総数を減らすことができる。これを取引総数最小化の原理といい，アの内容は不適切といえる。イは，卸売業は生産者や小売業に対して，事業資金の融資や経営指導などの支援も行っていることから

不適切である。ウは不確実性プール原理と呼ばれるものであり，卸売業の重要な役割となっていることから適切である。

問3．正解はウ

■解説▶ アの「独占」は，「1つの企業」が市場を支配している状態をいう。イの「複占」は，「2つの企業」が市場を支配している状態をいう。ウの「寡占」は，「少数の企業」が市場を支配している状態をいうので，この問いにおいてはウが適切である。

> **Point** 私たちの普段の生活では，卸売業を意識することはあまりないかもしれない。しかし，ビジネスにおいては大きな役割を果たしており，取引総数最小化の原理や不確実性プール原理については，用語を覚えるだけでなく，どのようなことなのか説明できるようにしておきたい。

11 出題テーマ 商業集積

問1．正解はイ

■解説▶ 商業集積のうち，商店街は自然発生的にできたものであるのに対し，ショッピングセンターは，開発業者によって計画的に建設，運営されているという違いがある。この開発業者のことをイの「ディベロッパー」という。アの「トランパー」は，運輸業における船舶輸送に使われる不定期船のことである。ウの「カテゴリーキラー」は，家電やスポーツ用品など，特定の分野にしぼった商品をきわめて安い価格で販売する専門店のことである。

問2．正解はワンストップショッピング

■解説▶ たとえば，夕食の支度のための買い物を考えてみよう。一般小売店を利用すると，野菜は青果店，肉は精肉店，魚は鮮魚店など，それぞれ扱っている商品の種類ごとの店舗を巡らなくてはならない。一方，ショッピングセンターでは，多数の種類の店舗がその1か所に立地しているため，そこに行けば必要な買い物が1度にすべて完了する。これを，ワンストップショッピングという。

問3．正解はア

■解説▶ ここで問われているような商業集積をアの「アウトレットモール」という。アウトレットには，工場から直接販売することでその間の費用を削減し，安く販売している「ファクトリー・アウトレット」と，店舗で余った在庫や訳あり品を販売する「リテール・アウトレット」がある。アウトレットモールでは，「リテール・アウトレット」の商品が数多くみられる。イの「核テナント」は，ショッピングセンターにおける集客の中心となる店舗のこと。ウの「コーポレートチェーン」は，一つの企業が多数の店舗を設けてチェーン化する経営方式のことである。

問4．正解はウ

■解説▶ この問いでは，グラフを丁寧に読み取ることが必要である。アは，「高齢化による後継者問題」がグラフから64.5％，「店舗などの老朽化」が38.6％であることから，不適切である。イは，「商圏人口の減少」は35.5％であるのに対し，「空き店舗の増加」は16.1％であるので，同じくらいとは言い難いので不適切である。ウは，上位4つの問題がいずれも3分の1以上，つまり約33％以上であることから，適切といえる。

> **Point** 問4は資料を読み取って，正解を求める問題である。これまでの商業経済検定ではあまりみられない出題方法ではあるが，語句の暗記だけにとらわれない学習が必要である。

12 出題テーマ 代金決済

問1．正解はイ

■解説▶ 現金通貨に関しては，法律によって，紙幣には無制限の強制通用力，貨幣には額面金額の20倍までに強制通用力が認められている。よって，アおよびウは不適切な記述であり，イが適切な記述となる。

問2．正解はア

■解説▶ 小切手や手形の支払いに使われる預金はアの「当座預金」である。当座預金は，企業や個人事業主が業務上の支払いのために利用する預金であり，利息が付かないなどの点で，個人が銀行に開設するウの「普通預金」とは異なる性質をもっている。イの「定期預金」は，あらかじめ預け入れ期間を決めて利用する預金であり，基本的には決めた満期日までは預金を引き出すことができない。

問3．正解はウ

■解説▶ アについて，クレジットカードとは，商品を後払いで購入するために用いられるカードおよびその方法である。商品を購入する際には，発行するクレジットカード会社が，その売り手に立て替え払いをし，後日，クレジットカード会社は，利用者に代金を請求することになる。よって，アは不適切。イは，すでに実用化されており，スマートフォンなどのアプリを事前に準備，設定しておくことで利用できる。ウについて，使い切り型のプリペイドカードは，購入した際の金額を使い切ることで，カードの利用が終わる。一方，ICカードを用いた電子マネーは，チャージという方法によって，適宜電子マネーの残高を増加（入金）させることができる。よってウが適切な記述である。

13 出題テーマ 地域のビジネス，売買取引

問1．正解はウ

■解説▶ 日本の各地域には，特色豊かな伝統産業が存在し

ている。伝統産業とは，伝統的な技術と技法で，日本の文化や生活に結びついている製品などをつくり出す産業のことである。よって，イは適切な記述である。また，アのように伝統産業を観光資源とすることは，産業観光とも呼ばれることから，適切な記述である。ウについては，伝統産業は，伝統を守るだけでは存続していくことが難しく，時代に合った消費者ニーズに対応していくことを，長くその産業を続けていくためにも求められていることから，不適切な記述である。

問２．正解はア

■**解説**▶ アは，訪日外国人観光客のことであり，適切である。人口の減少が続く日本では，観光立国をめざすことで，インバウンドの消費を増加させることが重要な課題とされている。イは，ものやサービスの価格（物価）が継続して上昇することを意味する用語。ウは，新しい技術やアイディアで，価値を創造する革新を意味する用語である。

問３．正解はイ

■**解説**▶ 本文の５行目以降に，「価格について，問い合わせのための書類がA漆器店に届いた。これを受けてA漆器店では，ただちに以下の書類を」とある。ここで問われている文書は，A漆器店が価格の問い合わせに対して，返答するための文書であることがわかるので，イの「見積書」が適切である。アの「見積依頼書」は，価格を問い合わせるために用いられる文書。ウの「請求書」は，売買契約の履行後に，商品代金の支払いを求めるために用いられる文書である。

問４．正解は12,000

■**解説**▶ ここで問われている単価とは，商品１個あたりの価格のことである。計算の方法としては，数量×単価＝金額となる。数量５に対して，金額が60,000であることが書類に記載されていることから，単価は，60,000÷５＝12,000となる。

問５．正解はイ

■**解説**▶ 下線部(c)は，商品の発送と同時に，売り手から買い手に送付される文書であり，商品の明細について記入されている。買い手は，自らの手元にある注文書の控えとイの「納品書」と，届けられた商品を照合することになる。アの「領収証」は，代金の支払いの証拠として用いられる文書。ウの「注文書」は，見積書の内容を確認したうえで，商品を注文する際に用いられる文書である。

問６．正解は検収

■**解説**▶ 問５の解説のように，買い手は商品の到着時に，注文書の控えと納品書と商品を照合し，商品の品質と数量に誤りがないか，また商品に破損や汚損などの問題がないかを確認する。これを検収という。検収で問題がなければ，買い手は売り手に物品受領書を返送し，問題がなかったことを伝えることになる。

問７．正解はイ

■**解説**▶ 約束手形の満期日，すなわち支払期日は，金額欄の右にある枠内に記載されている。この問題では，支払期日が令和〇年12月５日とあるので，アの記述は不適切である。なお，約束手形の金額欄の下に令和〇年11月５日とあるのは，振出日である。約束手形に記載されている支払場所とは，振出人の当座預金口座がある銀行，支店のことである。よって，イが適切である。約束手形は，他人に譲渡することが認められている。この場合，手形の裏面に必要事項を記入し，記名，押印することから，裏書譲渡ともいう。よって，ウのような制限はないので不適切である。

> **Point** 売買契約の締結から履行の間に用いられる文書は多くの種類が存在している。どのような意味がある文書なのかを把握し，売り手，買い手のいずれが発行するのかを理解したうえで，どのタイミングで用いられるかを，しっかりと確認しておきたい。

1	(1)	(2)	(3)	(4)	(5)
	ウ	オ	イ	エ	ア

2	(1)	(2)	(3)	(4)	(5)
	A	A	B	A	B

3	(1)	(2)	(3)	(4)	(5)
	エ	ウ	オ	ア	イ

4	(1)	(2)	(3)	(4)	(5)
	ウ	○	ア	イ	オ

5	問1	問2	問3	問4	問5
	イ	ア	名刺	ウ	イ

6	問1	問2	問3
	家計	ア	ウ

7	問1	問2
	イ	ウ

8	問1	問2	問3
	ア	イ	ウ

9	問1	問2	問3
	物々交換	ア	ウ

10	問1	問2	問3
	職能別(機能別)組織	ウ	ア

11	問1	問2	問3
	ウ	イ	イ

12	問1	問2
	ウ	リノベーション

13	問1	問2	問3
	見積依頼書	ア	ア

	問4	問5	問6
	ウ	要求払い預金	ウ

1 **出題テーマ** 企業の種類

正解は(1)**ウ** (2)**オ** (3)**イ** (4)**エ** (5)**ア**

解説 企業には民間が出資する私企業，国や地方公共団体が出資する公企業，国や地方公共団体と民間が共同で出資する公私合同企業がある。また，私企業は個人事業主と法人に分けられ，法人はさらに株式会社，持分会社，協同組合に分類される。本問はそれらの企業についての理解を問う問題である。

(1) 出資と経営の分離が可能な一般的な企業という内容からウの「株式会社」とわかる。

(2) 出資者と経営者が同一の会社を，オの「持分会社」という。持分会社には，合名会社，合資会社，合同会社があり，出資者の責任範囲によって分類される。

〈持分会社の責任範囲〉

合名会社	1名以上の少数の無限責任社員が出資者
合資会社	2名以上の少数の無限責任社員と有限責任社員が出資者
合同会社	少数の有限責任社員が出資者

〈出資者の責任範囲の違い〉

無限責任社員	会社が倒産したときなどに，会社の債権者に対して負債総額の全額を支払う責任を負う。
有限責任社員	出資した先の会社が倒産したときなどに，その会社の債権者に対して，出資した額を限度として責任を負う。

(3) 出資者が無限責任の経営者個人であることからイの「個人事業主」だと判断する。

(4) 国と地方公共団体が出資するとあるため，エの「公企業」とわかる。

(5) 協同組合は共通の目的のために個人や中小企業が集まり，組合員となって，事業を行う組織である。相互扶助の精神で，営利を目的としないとあることからアの「協同組合」と判断できる。

> **Point** 企業は，出資者，出資者の責任範囲，出資と経営の関係により分類される。

2 **出題テーマ** 証券会社

正解は(1)**A** (2)**A** (3)**B** (4)**A** (5)**B**

解説 本問は直接金融の主な担い手である証券会社の業務について問う内容である。それぞれの業務の説明は次のとおりである。

(1) 証券会社の委託売買業務の説明である。

(2) 証券会社の募集売り出し業務の説明である。

(3) 郵便局の郵便業務の説明である。

(4) 証券会社の自己売買業務の説明である。

(5) 証券取引所の業務の説明である。

(1)(2)(4)のほかの証券会社の業務として，企業や地方自治体などが，株式や公債などの発行により，資金調達する際に，証券会社がその全部または一部を買い取って，それを投資家に転売する引受業務がある。

3 **出題テーマ** 代金決済の方法

正解は(1)**エ** (2)**ウ** (3)**オ** (4)**ア** (5)**イ**

解説 代金の決済方法には現金通貨による方法のほかに，小切手，手形，銀行振込，口座振替，キャッシュレスによる決済がある。キャッシュレス決済はクレジットカード，電子マネー，コード決済に分けられる。

(1) 小切手…当座預金口座から支払われ，原則として10日以内に銀行に呈示するとあるため，エの「小切手」だとわかる。

(2) 口座振替…銀行行内のある口座からほかの口座へ，支払いのために資金の移動を行うとあるため，ウの「口座振替」だとわかる。

(3) クレジットカード…金融機関や信販会社から発行され，支払いにはサインまたは暗証番号を入力する，というところからオの「クレジットカード」だと判断する。なお，クレジットカード会社によっては，リーダーライターにかざすことで決済ができるクレジットカードもある。

(4) 電子マネー…リーダーライターにカードやスマートフォンのチャージ残高から商品代金などの金額が差し引かれる，とあることからアの「電子マネー」だと判断する。

(5) コード…コード決済は，スマートフォンを利用するため，事前にアプリをインストールする必要がある。そのアプリで，顧客側のコードまたは店側のコードを読み取り，決済事業会社を経由して代金は売り手に支払われる。代表的なコード決済として，PayPayやd払いなどがある。

> **Point** 代金決済の方法について，それぞれの決済を実際に行ったり，インターネットなどで調べたりして，イメージができるようになるとよい。

4 **出題テーマ** 売買取引，ビジネス計算

正解は(1)**ウ** (2)**○** (3)**ア** (4)**イ** (5)**オ**

解説 (1) 貨幣とは政府が発行する硬貨である。貨幣の強制通用力は額面金額の20倍までに使用が制限されているため，正解はウとなる。

(2) 仕入原価の計算方法は次の通りである。

仕入原価＝仕入金額＋仕入諸掛

よって

仕入金額＝400×30＝12,000

仕入諸掛　1,500　　　　　　　のため

12,000＋1,500＝13,500となり，正解は○である。

(3)　トレード・オフは，選べる選択肢が二つ以上あり，その選択肢を同時に選べないときに発生する。この場合の選べなかった場合の価値をアの「機会費用」という。ビジネスにおいては，直接払う費用と機会費用を考慮しながら合理的な選択を行うように努めなければならない。

(4)　予定売価の計算方法は次のとおりである。

予定売価＝仕入原価＋見込利益額

見込利益額＝仕入原価×見込利益率

よって，本問においては，

見込利益額＝10,000×2割5分＝2,500

予定売価＝10,000＋2,500＝12,500

となり，イが正解となる。

(5)　利息の計算方法は次の2つである。

単利法	元金に対してのみ利息が計算される方法。
複利法	一定期間ごとに支払われる利息を元金に加えて，これを新しい元金とみなして利息が計算される方法。

本文より，オの「複利法」と判断する。

> **Point**　基本的な計算方法は，毎回出題されている。練習を重ねて，解けるようにしておこう。

5 **出題テーマ**　場面に応じたビジネスマナー

問1．正解はイ

解説　身だしなみとは，相手に不快感を与えないようにするために外見を整えることである。外見はその人の人柄を表していると考えられている。初対面の場合は，外見だけで人柄を判断され，第一印象として残ってしまう。相手に好感をもってもらうために身だしなみを整えることはビジネスにおいて常に意識すべきことである。よって正解はイとなる。

問2．正解はア

解説　以下は，敬語の種類である。

敬語の種類	内容
尊敬語	相手の動作を高めることで敬意を表す。
謙譲語	自分の動作をへりくだって表現することで相手を高めて敬意を表す。
丁寧語	「です」「ます」をつけて丁寧に言うことで相手に敬意を示す。

本問においては，「言う」という動作について，アは自分の動作に関してへりくだっているので謙譲語，イは「ま

す」がついているので丁寧語，ウは相手の行動を敬う尊敬語の表現であると判断できる。よって，正解はアである。

問3．正解は名刺

解説　名刺は，名前や会社名などの情報が記されている重要なアイテムである。主に初めて会う方に自己紹介をするために渡したり，おたがいに交換したりする。

問4．正解はウ

解説　座る席の順序を席次といい，席次には目上の人への敬意や来客へのもてなしの心がこめられている。席次において来客の人が座る席を上座といい，一般的には出入口から遠い奥の席を指す。よって正解はウとなる。

問5．正解はイ

解説　お辞儀には，場面に応じた3つの種類がある。

お辞儀の種類	内容
会釈	上体を15度傾けるお辞儀 ・廊下ですれ違うときや部屋の入退室のとき
普通礼(敬礼)	上体を30度傾けるお辞儀 ・お客の送迎や訪問先での挨拶のとき
最敬礼	上体を45度傾けるお辞儀 ・深い感謝や謝罪をするとき

よって，本問は30度の角度とあるため，正解はイの「普通礼」となる。

> **Point**　来客応対についてはロールプレイングなどの練習を重ね，その技術を身に付けよう。来客応対は内容を覚えるだけでは，実践できるとは言えない。ロールプレイングなどで練習して技術を身に付けるようにする。友人と練習するとよいだろう。

6 **出題テーマ**　経済主体

問1．正解は家計

解説　私たちの家庭を，消費を行う経済主体としてとらえたものを家計という。

問2．正解はア

解説　アの「インフラ」とはインフラストラクチャーの略で，生活や経済活動を支える基盤となるものである。よって，正解はアである。インフラは政府が提供する公共サービスに含まれる。なお，イの「スポンサーシップ」とは，企業などがスポーツや文化事業，芸術イベントなどに金銭的な援助や，物や人を出して支援することである。ウの「コーポレートガバナンス」とは，企業統治とも訳され，企業経営において公正な判断・運営がなされるよう，監視・統制するしくみのことである。

問3．正解はウ

解説　政府は企業に対して，公共サービスや経済活動の調整を行っている。経済活動の調整の具体的な内容は，公

共投資を増やし，雇用を創出したり，減税を行ったりして，家計や企業にお金が流れるようにすることである。よって，ウが適切である。

> **Point** それぞれの経済主体（家計，企業，政府）がどのような活動を行っているか理解しよう。

7 出題テーマ グローバル化

問1. 正解はイ

■解説■ 本文にあるように，グローバル化とは，人，商品，お金，情報などが国境を意識せずに地球上のどこでも自由に行き来することである。グローバル化が進展している要因としては，

① 交通手段やICTの発達（行き来する手段を増加させている）。

② 関税の撤廃など，各国に設けられていた商品や資本に関する規制の緩和（規制は自国産業を保護しグローバル化を阻害するため，規制緩和によりその要因を除いている）

③ 人の移動に関するさまざまな協定の締結（たとえば，ビザなし入国を認めることで人の移動がしやすくなる）。

以上の三つが挙げられる。よって，選択肢イは規制を強化することで，グローバル化を阻害するため，適切ではない。

問2. 正解はウ

■解説■ ウの「ローカライゼーション」とは，日本語にすると「地域化・現地化」という意味で，それぞれの国の文化や習慣に適切に対応することをいう。よって正解はウとなる。なお，アの「スタンダーダイゼーション」とは「標準化」という意味で，できるだけ商品やサービスなどを共通化することをいい，イの「ノーマライゼーション」とは社会的に弱いとされる立場の人が，ほかの人たちと同じように生活できるようにすることをいう。

> **Point** グローバル化の進展の背景を理解しておこう。

8 出題テーマ 小売業のチェーン化

問1. 正解はア

■解説■ アの「商標」とは，事業者が自己の商品であることを示すために使用する標識で，商標法に基づく登録により，登録者が独占的に使用できる。よって，正解はアとなる。なお，イの「特許」とは，画期的な発明した発明者に対して，一定期間，その発明を独占的に使用することを認めることである。ウの「意匠」とは，物の形や色，模様などのデザインのことである。

問2. 正解はイ

■解説■ 小売業のチェーン化には，三つの方式がある。選択肢アはコーポレートチェーン，選択肢イはフランチャ

イズチェーン，選択肢ウはボランタリーチェーンの説明である。よって，正解はイとなる。

問3. 正解はウ

■解説■ 選択肢アの「SPA」とは自社独自の商品を生産して販売まで手掛ける製造小売のなかで特に衣料品を中心とした業態のことであり，選択肢イの「ロジスティクス」とは物流の輸送・保管・包装・流通加工・荷役などを高度化し，さまざまな機能を全体としてまとめて管理する考え方のことをいう。選択肢ウの「POSシステム」とは販売時点情報管理システムとも日本語に訳されるように，商品の売上データを単品ごとに記録・集計するシステムである。よって，正解はウとなる。

> **Point** 小売業のチェーン化における3つの方式はその違いを必ず理解しておきたい。特に，本問に出題されているフランチャイズチェーンはコンビニエンスストアやファストフードなど多くの企業に採用され，高校生にとって身近な企業であるため，出題される可能性が高いと考えられる。

9 出題テーマ 流通の歴史と発展

問1. 正解は物々交換

■解説■ 生産力が向上し，余剰生産物が生じるようになり，その余剰生産物を交換することから流通がはじまったとされている。下線部(a)はこの余剰生産物の交換のことを何というかとあるため，物々交換と解答すればよい。

問2. 正解はア

■解説■ 下線部(b)とは，社会全体の労働を各種の分野（農耕分野，狩猟分野など）で分担する社会となったということである。これをアの「社会的分業」という。よって，正解はアとなる。なお，選択肢イの「所有と経営の分離」とは株式会社における株主と経営者が別々になる傾向のことをいい，選択肢ウの「成果主義賃金制度」とは年齢や勤続年数ではなく，仕事の成果や業績に基づいて社員の給料を決める制度のことをいう。

問3. 正解はウ

■解説■ 江戸時代における流通の規模拡大に関する出題である。全国的な流通が可能となった背景は江戸を起点とした五街道（東海道，中山道，甲州道中，日光道中，奥州道中）などの陸路や，西廻り航路，東廻り航路，南海路などの海路の充実が主なものである。よって，最も適切な要因として解答はウとなる。なお，ほかの選択肢は時代背景が異なっている。選択肢アは社会的分業により，生産量が増えた平安時代における生産者と消費者の間に立って仲介する商人の出現に関する内容であり，選択肢イは明治時代の生産・流通の発展に関する内容である。

10 出題テーマ 経営組織

問1．正解は職能別（機能別）組織

■解説■ 職能とはその組織のなかでの役割のことである。たとえば，下線部(a)にあるような製造，営業，研究開発といったものである。この職能ごとに分けられた組織を職能別組織（機能別組織）という。

問2．正解はウ

■解説■ 事業部制組織は，多くの場合，組織ごとに独立採算制がとられている。事業部制組織の長所は，事業部の責任者にさまざまな判断が任されていることで，消費者ニーズや技術の進化にすばやく対応できることである。よって，最も適切なものはウとなる。なお，選択肢アは，職能別組織の長所に関する記述である。そのなかにある規模の経済とは，生産規模が拡大するとコストを安く抑えることができることをいい，事業部制組織は，事業ごとに組織が分けられているため，規模の経済が発揮されることは多くない。選択肢イの記述は事業部制組織に当てはまらない。事業部制組織は独立採算制であるため，組織ごとに部署があり，重複することになる。

（例　テレビ事業部→製造部，営業部，研究開発部
　　　冷蔵庫事業部→製造部，営業部，研究開発部
　…このように同じ部署が各事業部に存在する）

設備や人員の重複が無駄であるとは言い切れないが，少なくとも設備や人員が重複する点で選択肢イが最も適切とはいえない。

問3．正解はア

■解説■ 組織の運営では，経営者や部門長といったリーダーの役割が重要である。このリーダーがメンバーをまとめたり，組織を先導したりする影響力をアの「リーダーシップ」という。よって，正解はアとなる。なお，選択肢イの「企業家精神」とは新しい企業や新しいビジネスを創造する意欲のことをいい，選択肢ウの「豊かな人間性」とはビジネスで必要となる心構えの一つで社会の一員としての遵法精神や倫理観，責任感を備えた人物のことをいう。

Point　職能別組織と事業部制組織のそれぞれの長所と短所を理解しておこう。

11 出題テーマ 雇用

問1．正解はウ

■解説■ 正社員はフルタイム勤務，無期雇用で企業から直接雇用され，福利厚生の面でも優遇されている。よって，正解はウとなる。なお，選択肢アはアルバイト・パートタイム労働者，選択肢イは派遣社員の説明である。

問2．正解はイ

■解説■ 企業にとって，契約社員で社員を雇用するメリットは2つある。1つ目は，企業の業績に合わせて社員数を調整できることである。忙しい時期で人手が必要なときもあれば，業績悪化でリストラしなければならないときもある。契約社員として雇用していれば，企業の経営状態により雇用調整をしやすい。2つ目は，正社員よりも人件費を安く抑えられることである。給与（昇給や賞与，退職金），福利厚生などをトータルで考えると正社員より契約社員のほうが相対的な人件費が安くなる。よって，正解はイとなる。

問3．正解はイ

■解説■ 選択肢アの「ダイバーシティ」とは，性別や国籍，雇用形態などの異なるさまざまな人々がいる多様な状況のことをいう。選択肢イの「ワークライフバランス」は，仕事と生活の調和と訳されるが，簡単にいうと，仕事もプライベートもどちらも充実させる働き方・生き方のことを意味する。選択肢ウの「テレワーク」とは，会社に通わず，ＩＣＴを利用した場所や時間にとらわれない働き方である。下線部(c)はワークライフバランスに関する記述であるため，正解はイとなる。

Point　雇用形態を理解するとともに，福利厚生制度や雇用に関する法規，ワークライフバランス，多様性の尊重といった近年の雇用にともなう企業の責任について出題される可能性が高いので，その内容を確認しておこう。

12 出題テーマ 観光地経営

問1．正解はウ

■解説■ 選択肢アの「ＩＲ」は，観光における内容としてはIntegrated Resortの頭文字の略で，カジノのほか，ホテルや劇場，ショッピングモールなどが集まった複合的な施設をさし，統合型リゾートとも呼ばれる。日本においては，2016（平成28）年「ＩＲ推進法」が成立し，2022年中に開業の候補地が決定するとされている。選択肢イの「ＳＤＧｓ」は持続可能な開発目標のことであり，世界中にある環境問題・差別・貧困・人権問題といった課題を，2030年までに解決しようという計画・目標のことである。選択肢ウの「ＤＭＯ」は旅行者にとって魅力的な観光地をつくることを目的とした組織のことをいい，日本では2015年に観光庁により登録制度が導入されている。よって，正解はウとなる。

問2．正解はリノベーション

■解説▶ リノベーションとは，既存の建物に大規模な改修工事を行い，用途や機能を変更して性能を向上させたり付加価値を与えたりすることである。

13　**出題テーマ** 売買契約の手順，代金決済

問1．正解は見積依頼書

■解説▶ 売買契約の締結に必要な書類と内容は以下のとおりである。

必要な書類	内容
見積依頼書	販売価格や取引条件について買い手が売り手に見積もりを依頼する書類。
見積書	買い手の見積依頼書に対して回答する書類。
注文書	見積書を見た買い手が売り手に注文の意思を伝える書類。
注文請書	売り手が買い手に対して，注文を請け負ったことを伝える書類。

　本問は下線部(a)に価格を問い合わせる書類とあるため，見積依頼書とわかる。

問2．正解はア

■解説▶ 見積書から代金がわかる。なお，運賃は売り手負担であるため，考慮しない。

実務商工　　33,000×20＋5,500×20＝770,000
北芝テック　30,000×20＋6,000×20＝720,000
であるため，アの「株式会社北芝テック」を選定したことがわかる。よって，正解はアである。

問3．正解はア

■解説▶ 上記にあるように注文請書とは注文を請け負ったことを伝える文書である。よって，正解はアである。

問4．正解はウ

■解説▶ 約束手形は振出人が受取人に，一定の期日に，一定の金額を支払うことを約束する証券である。この利点は支払期日までの間，資金の準備にゆとりができることである。よって，正解はウとなる。なお，選択肢アは為替手形，選択肢イは小切手の利点である。

問5．正解は要求払い預金

■解説▶ 普通預金や当座預金のようにいつでも引き出しができる預金を要求払い預金という。よって，要求払いを補えばよい。なお，定期預金のように一定期間は原則として引き出しができない定期性預金がある。

問6．正解はウ

■解説▶ 選択肢アの「約束手形の割引」は受け取った手形を支払期日前に銀行に買い取ってもらい現金化することをいい，選択肢イの「約束手形の裏書き」は手形を他人に譲渡することをいう。選択肢ウの「約束手形の不渡り」は支払期日に当座預金口座の残高が不足して，所持人への支払

いが拒絶されることであるため，正解はウとなる。

> **Point**　売買契約に必要な書類や決済方法について理解しよう。

1	(1)	(2)	(3)	(4)	(5)
	オ	エ	ウ	ア	イ

2	(1)	(2)	(3)	(4)	(5)
	A	B	A	A	A

3	(1)	(2)	(3)	(4)	(5)
	ウ	エ	オ	ア	イ

4	(1)	(2)	(3)	(4)	(5)
	ウ	オ	○	○	ア

5	問1	問2	問3	問4	問5
	イ	ア	復唱	ウ	ウ

6	問1				問2	問3
	P	O	S	システム	ア	イ

7	問1	問2	問3
	イ	イ	イ

8	問1	問2	問3	問4
	イ	ア	ウ	ア

9	問1	問2			問3	問4
	ア	出資（所有，資本）	と	経営　の分離	ウ	イ

10	問1	問2
	ア	ウ

11	問1	問2	問3			
	ア	ウ	P	D	C	A　サイクル

12	問1		問2	問3
	売買契約の	締結	ウ	ア

13	問1	問2	問3
	ア	イ	ア

① 出題テーマ　生産要素，社会とビジネス

正解は(1) オ　(2) エ　(3) ウ　(4) ア　(5) イ

解説 アについてみると，チャネルは「経路」という意味を持つ言葉である。「オムニチャネル」は，実店舗とインターネット通販を連携させる取り組みとして進められている。イの「ＳＤＧｓ」は，国連が定めた17の目標と169のターゲット，232の指標からなる目標である。ウの「ショールーミング」は，一般的に実店舗の価格よりもインターネット通販の価格のほうが安価であることからみられる現象である。エの「機会費用」は，オの「トレード・オフ」を考える際に基準となるもので，「直接的に支払う費用」と並んで考慮する必要がある。

> **Point** 生産要素の希少性からはじまる，トレード・オフ，機会費用の考え方については，一連の流れとして捉えられるとよい。

② 出題テーマ　雇用形態

正解は(1) **A**　(2) **B**　(3) **A**　(4) **A**　(5) **A**

解説 雇用の形態は大きく，正社員を表す「正規雇用」と，正社員以外の雇用形態である「非正規雇用」に分けられる。非正規雇用とされる雇用形態の種類と特徴は，以下のようにまとめることができる。

雇用形態の種類	特徴
契約社員	数か月や一年といった期間を定めて企業と雇用契約を結ぶ雇用形態。月給制が多く，雇用は不安定だが，自分に合う期間に自分のスキルを活かして働きたい場合に適している。
アルバイト・パートタイム労働者	一週間の所定労働時間が正社員に比べて短い雇用形態。賃金は時間給制や日給制が多い。フルタイムで働くことが難しい学生や主婦などが，この形態で働くことが多い。
派遣社員	派遣会社と雇用契約を結び，派遣会社からの指示で別の派遣先企業で働く雇用形態。業務上の指示は派遣先企業から受け，賃金は派遣会社から受け取る。期間や勤務場所を選びやすい。
請負労働者	企業に雇用されるのではなく，注文主としての企業から受けた仕事を行うことで報酬をもらう働き方。「事業主」とされ「労働者」としての保護を受けることはできない。

よって，本問では，(1)(3)(4)(5)が非正規雇用であるためA，(2)が正規雇用であるためBである。

③ 出題テーマ　地域の現状と活性化

正解は(1) **ウ**　(2) **エ**　(3) **オ**　(4) **ア**　(5) **イ**

解説 人口減少と少子高齢化の影響として，買い物弱者の増加とエの「事業承継」の困難が挙げられる。ショッピングセンターなどの大型小売店の進出により，地域の商店街は衰退の傾向にあり，日常の買い物にも影響を与えることになった。近くの商店街で買い物ができなくなると，遠くのショッピングセンターまで足を運ぶことになり，交通手段の確保が必要となる。高齢者をはじめとした自動車を運転しない人たちにとっては，その代わりの手段として，ウの「ライドシェア」などへの期待が高まっている。

オの「地方創生」の手段の一つとして，「食」「風景」「歴史」「イベント」といったアの「地域ブランディング」に利用できる地域独自の魅力を掘り起こすことが挙げられる。その役割を果たすためにイの「DMO」（デスティネーション・マーケティング（マネジメント）・オーガナイゼーション）の存在が重要となっている。

> **Point** 身近な地域のビジネスについては，用語を覚えるだけでなく，なぜそのような取り組みが行われているのかといった背景まで理解できるとよい。

④ 出題テーマ　ビジネス計算

正解は(1) **ウ**　(2) **オ**　(3) **○**　(4) **○**　(5) **ア**

解説 (1) 計算式は，$600,000 \times (1 - 0.15) = 510,000$ となるため，ウが正解。問題文の90,000は，600,000の15％に相当する値である。

(2) 計算式は，$(40,000 + 2,000) \times 0.1 = 46,200$ となるため，オが正解。仕入原価とは，仕入れた商品の価格に仕入諸掛を足したものなので，この問題では，仕入原価は¥42,000となる。

(3) 計算式は，$440 \times 110 = 48,400$ となるため，○が正解。

(4) 単利は，元金に対してのみ利息を計算し，複利は，一定期間ごとに支払われる利息を元金に加えて，これを新たな元金として利息を計算する。よって，利息に対しても利息が増えていく複利のほうが，利息は大きくなる。○が正解。

(5) 片落としは，貸借期間の初日と最終日のうち，一方のみを日数として計算に加え，両端入れは，初日と最終日の両方を日数として計算に加える。よって，アが正解。

⑤ 出題テーマ　コミュニケーション，電話の応対

問１．正解はイ

解説 コミュニケーションは，以下のように３つの基準で分類される。

直接的コミュニケーション	人と人とが面と向かい直接的に行う。
間接的コミュニケーション	印刷物，機器，電波などのメディアを通じて間接的に行う。
フォーマルコミュニケーション	会社での会議や打ち合わせなど公式な場面で行う。
インフォーマルコミュニケーション	昼食時の会話など非公式な場面で行う。
バーバルコミュニケーション	会議，電子メール，印刷物など言語により行う。
ノンバーバルコミュニケーション	身ぶりや手ぶり，表情や態度など非言語で行う。

この問題では，媒体を使用したコミュニケーションについて問われているので，イの「間接的コミュニケーション」が適切。

問2．正解はア

解説 部長や社長といった役職を名前の後ろにつけて呼ぶことは，尊敬表現にあたる。よって，社外の人に対して，自社の社員について話すときには，敬称はつけないほうがよい。これは，自社の社員を身内と考えることによるものである。よって，アが正解。

問3．正解は復唱

解説 話している相手が言っていることの要点を声に出して確認することを復唱という。正しく復唱するためには，相手の話を正確にメモすることが重要であり，復唱によって聞く側は確実に話を理解したと話す側に伝えることができるとともに，話す側の言い間違いなどについても確認することができる。

問4．正解はウ

解説 会話の内容から，A商事の人間が，B百貨店を訪問するということがわかる。イの「弊社」は自社のことをへりくだって表す表現であり，この場合はA商事のことをさすので不適切。アの「B百貨店」は，内容としては誤りではないが，相手の会社のことを呼び捨てるのと同じ表現であり，できれば避けたい。ウの「御社」は相手の会社のことを敬意をもって表す言葉なので適切である。なお，相手の会社のことを「貴社」と表現することもあるが，話し言葉としては「記者」や「汽車」などの同音異義語と混同するため，避けることが望ましい。

問5．正解はウ

解説 アは，一般的に着信音が3回以上鳴ってから電話を取るときには「お待たせしました」と最初につけるとよいとされる。イは，相手から伝言を頼まれているのであり，また，時間の変更という事実を伝えるためのものであることから，名指し人に対して正しく伝えることがビジネス現場においては必要である。ウは，いつ電話がかかってきて

もスムーズに応対できるように，常にメモ用紙と筆記用具を用意しておくことが，準備の基本となり，本問の解答として適切である。

> **Point** 携帯電話が普及し，固定電話を使う機会が減少しているが，ビジネスにおいて電話はまだまだ重要なツールである。問題を解きながら，実際の場面でもスムーズに受け答えができるようになろう。

6 **出題テーマ** コンビニエンスストア

問1．正解はPOSシステム

解説 POS（ポス）とは，Point Of Salesの略で，販売時点情報管理の意味を持つ。商品単位で売上を集計し，その結果を，売上分析に用いたり，在庫管理に用いたりすることができる。POSシステムのしくみを取り入れたレジスターをPOSレジといい，コンビニエンスストア以外にもスーパーマーケットやドラッグストアをはじめ，多様な種類の店舗で利用されている。

問2．正解はア

解説 PB商品とはプライベート・ブランド商品の略であり，小売業が企画し，独自のブランドで販売する商品のことである。よって，アが適切な記述となる。イは，ナショナル・ブランド（NB）商品についての記述であるので不適切。ウは，「異なるコンビニエンスストアチェーン間でも同一の名称で販売」という記述が不適切である。PB商品は，同じチェーン内でのみ同一の名称で販売していることが特徴である。

問3．正解はイ

解説 多くの小売業で，規模の拡大により経営の効率化を図るため，複数の店舗を展開するチェーン化の傾向がみられる。チェーン化の方式には，以下の3つがあげられる。

コーポレートチェーン	一つの企業が多数の店舗を設け，仕入れや広告を本部でまとめて行い，仕入価格の引き下げや経費の節減を行う。総合スーパー，専門店などに多くみられる。
ボランタリーチェーン	独立した多数の小売業が，企業としての独立性を保ちつつ協力して組織する。小売業主体と卸売業主体の方式がある。食料品，日用品，化粧品などの業界にみられる。
フランチャイズチェーン	本部（フランチャイザー）が，加盟店（フランチャイジー）を募集し，加盟店に対して商品の供給や販売方法の指導を行い，加盟店から一定の権利使用料（ロイヤリティ）を受け取る方式。コンビニエンスストア，ファストフード店，クリーニング店などにみられる。

よって，イの「フランチャイズチェーン」が適切である。

> **Point** チェーン化については，コーポレートチェーン＝1つの企業，ボランタリーチェーン＝多数の企業，フランチャイズチェーン＝本部が加盟店を募集する，といった特徴から，区別することができる。

---

7 出題テーマ　物流業

問1．正解はイ

解説 物流業は，ものの輸送と保管を担うビジネスである。輸送，保管以外の物流の具体的な活動は，以下のようにまとめられる。

包装	保護材などで商品を包装する活動。商品を包装して運びやすい形に整えることで，荷物を効率的に運ぶことができるようになる。
流通加工	商品の切断，混合，再包装，接着，組み立てなどをする活動。
荷役	倉庫から外へ，外から倉庫へと荷物を運搬する活動。パレットやコンテナを使う。
情報管理	情報化によって荷物の入出庫情報や在庫の管理などを行う活動。

アは，包装ではなく荷役についての記述であるので不適切。ウは，荷役ではなく包装についての記述であるので不適切。よって，イが適切である。

問2．正解はイ

解説 船舶輸送においてはライナーやトランパーと呼ばれる船舶が用いられる。アの「ライナー」は，一般貨物を運ぶ定期船のことであり不正解。イの「トランパー」は，石油やセメントなど大量の原材料を運ぶ不定期船のことであるので正解である。なお，ウの「フレイター」は船舶輸送ではなく，航空輸送に用いられる貨物専用機のことである。

問3．正解はイ

解説 ここで問われている取り組みのことをイの「モーダルシフト」という。トラックは機動性にすぐれていて小回りが利くため，一度トラックに荷物を積んでしまえば，そのまま目的地まで運べる利点がある。しかしながら，トラックに積める荷物の量は，船舶や鉄道に比べるとはるかに少なく，同じ量の荷物を運ぼうとすると，かなり多くのトラックの台数が必要となり，同時にトラックドライバーも必要となる。また，台数が増える分，排気ガスなどの環境に与える影響も大きくなる。そのため，荷物を積み替える手間は発生するが，船舶や鉄道で都市間の拠点を輸送することとし，トラックの利用を最小限に抑えようとする取り組みがすすめられている。アの「シーアンドエア」は，船舶（シー）と航空機（エア）による複合一貫輸送，ウの「フレートライナー」は，コンテナ貨物のトラックと鉄道

を結んだ複合一貫輸送のことである。

8 出題テーマ　金融業（銀行）

問1．正解はイ

解説 銀行の預金には，普通預金や当座預金のように，いつでも引き出しができる要求払い預金と，一定期間は原則として引き出すことができない定期性預金がある。アは普通預金についての記述なので不適切。ウは当座預金についての記述なので不適切。イが定期性預金の説明として適切なものである。

問2．正解はア

解説 ここで問われている内容は，銀行の貸出業務のなかの手形割引（アの「手形の割引」）についてである。貸出業務には，手形割引のほか，貸し付けがあり，貸し付けには手形貸付，証書貸付，当座貸越がある。手形割引も手形貸付も，いずれも約束手形に関係するものであるが，手形貸付の場合は，資金の貸し付けに際して，同額の手形を借り手に振り出させるものである。よって，他人が振り出した手形を，支払期日前に現金化する手形割引とは異なるものである。イの「手形の不渡り」は，振り出した手形が，預金残高不足などの理由によって換金できなくなることである。ウの「手形の遡求」は，不渡りとなった手形について，裏書人に手形金額の支払いを請求することである。

問3．正解はウ

解説 ウの「為替業務」は，アの「預金業務」，イの「貸出業務」と並んで銀行の三大業務の一つである。下線部(c)の業務を為替業務という。貸出業務で受け取る利息と預金業務で支払う利息の差額が，銀行の中心的な収益であり，これを利ざやというが，近年では，低金利の影響で，為替業務による手数料収入も銀行の収益として重要なものとされている。

問4．正解はア

解説 問3の解説のように，利ざやが期待できなくなっている状況にある銀行は，手数料による収入を増加させることを検討している。本文のように，過去には無料とされていた貨幣の両替について，枚数によって手数料の支払いが必要になっていることも一つの例としてあげられる。よって，アが適切な記述である。イについて，貨幣に関する強制通用力は法律（通貨の単位及び貨幣の発行等に関する法律　第七条）によって定められているので，不適切。ウについても，神社や商店が預金の預け入れを行うようになったという事実はないため不適切である。

9 出題テーマ　企業の種類

問1．正解はア

解説 株式会社の出資者を株主といい，株主は株主総会

に参加することで経営に関与することができる。すなわち，出資者の意思をあらわす株主総会は，株式会社における最高意思決定機関であるとともに，株主が日常の業務を委任する取締役を選任し，事業や経営の基本方針を決定する。よって，アが正解である。イは，3名以上の取締役で構成される取締役会についての説明であるので不正解。ウは，監査役についての説明であるので不正解である。

問2．正解は出資（所有，資本）と経営の分離

■解説▶ 企業は，その規模が小さい段階では，出資者がそのまま経営者として日常の企業経営にあたることが多い。しかし，企業規模が大きくなるにつれて，出資者の数が多くなり，経営の内容もより専門性が高いものになる傾向がある。そのため，出資者自らが日常の企業経営にあたることは現実的ではない。すなわち，出資者は日常の経営を別の人間に取締役として任せることになる。つまり，「出資」する人間と「経営」する人間が別の人間になり，これを「出資と経営の分離」という。

問3．正解はウ

■解説▶ 持分会社の種類と出資に関する特徴は，以下のようにまとめられる。

持分会社の種類	特徴
合名会社	1名以上の少数の出資者(社員)により設立され，責任範囲は無限責任。
合資会社	2名以上の少数の出資者(社員)により，1名以上の無限責任社員と1名以上の有限責任社員により設立が可能。
合同会社	少数の出資者(社員)により設立され，責任範囲は有限責任。

よって，アは，合資会社についての記述であるので不正解。イは，合名会社についての記述であるので不正解である。正解はウである。

問4．正解はイ

■解説▶ 本文で説明されている企業は，イの「協同組合」である。なお，本文中に「営利を目的としない」とあるが，これは一切利益を出さないということではない。もちろん，企業である以上は利益を出して，従業員などへ給料を支払うことは必要である。つまり，出資者である株主に配当を行う株式会社とは異なり，「事業収益を分配することを目的としない」という意味である。協同組合の出資者は利用者であるため，より利用者に沿った事業経営が可能になる。なお，アの「労働組合」は賃金などの労働条件の維持，改善を目指して，労働者が組織する団体のことであるので不正解。ウの「公企業」は，国や地方公共団体が出資し経営する企業のことであるので不正解である。

10 出題テーマ 価格の決定と変動（需要と供給）

問1．正解はア

■解説▶ 需要とは，消費者などの買い手が商品を買おうとする気持ちのことである。買い手の立場で考えると，同じ商品でも価格が高いときには欲しいと思う量は少なくなり，価格が安くなることで欲しいと思う量が多くなる。つまり，縦軸を価格，横軸を量であらわしたとき，その形は右下がりの線になるので，アが該当する。なお，右上がりの線で表されるイは，供給曲線である。ウについては，一般的に需要曲線，供給曲線のいずれにも当てはまらない。

問2．正解はウ

■解説▶ 本文2段落目に，「天候不順によって野菜の収穫量が減る」と記述されている。野菜の収穫量は，売り手の供給できる量のことであるので，「供給曲線がシフト」することがわかる。さらに「同じ価格のままでは，供給できる量が減少する」とあるので，グラフを考えると，同じ価格のときに量が減るということは，曲線が「左方向にシフト」することになる。よって，「供給曲線が左方向にシフト」することがわかる。すると，需要曲線に変化がなくても，均衡点は左上に移動することから，均衡価格は上昇し，均衡量は減少することがグラフ上で確認できる。よって，野菜の価格は上昇することになるので，以上のことからウが適切な記述である。

> **Point** 需要と供給は，経済を学ぶうえでの基本となる内容である。理論的で難しく感じるかもしれないが，私たちの実際の生活と結びついている内容なので，結論とその結論になる理由の関連を意識しながら考えてみよう。

11 出題テーマ 経営組織の種類，マネジメント

問1．正解はア

■解説▶ 企業は成長していくにつれ業務が多岐にわたり，分業する必要が出てくる。その際には，仕事の内容で分ける職能別組織と，事業ごとに分ける事業部制組織を形成する方法がみられる。ここで問われているのは，「扱っている製品別に部署を分けること」，「開発や営業についても，各部署の責任者に任せること」と記載されているため，アの「事業部制組織」が適切である。なお，イの「職能別組織」は，ウの「機能別組織」ともいわれるので，イとウのいずれも不適切である。

問2．正解はウ

■解説▶ やる気のことをモチベーションという。モチベーションには，給与が上がる，賞をもらうというように外部から報酬をもらうことによって高まる外発的動機付けと，外部からの報酬にたよらず，責任ある仕事を割り振られたり，新しい仕事を任されたりするなど，内部からわき上がってくる内発的動機付けの2種類がある。よって，ここで

問われている内容については，ウが適切である。

問3．正解はPDCAサイクル

解説 PDCAサイクルとは，業務管理における継続的な改善方法のことである。Plan（計画）→ Do（実行）→ Check（評価）→ Act（改善）の4段階のアルファベットの頭文字をとったもので，このサイクルをくり返すことで，業務を継続的に改善することを目指すのである。

---

12 出題テーマ 売買取引の手順

問1．正解は売買契約の締結

解説 売買契約を結ぶことを，売買契約の締結という。これにより，法律上においても売買契約が成立したことになる。締結後は，一方的な理由で契約を取り消すことはできないため，締結前に契約の条件などを綿密に確認しておかなければならない。また，売買契約の締結には，必ずしも書類が必要ではなく，買い手の申し込みと売り手の承諾が合致していれば，口頭でも契約は成立することになる。ただし，ビジネスにおいては後日の紛争を避けるために，各種の書類を用いることが一般的である。

問2．正解はウ

解説 代金決済の時期と方法については，以下のようにまとめられる。

代金決済の種類	時期と方法
引き換え払い	商品の引き換えと同時に現金や小切手などで支払う。
掛け払い	後払いの一種。継続的な取引関係において，あらかじめ締切日と支払日を決めておき，締切日までの受け渡し商品の代金を支払日にまとめて，現金や小切手，口座振り込みなどで支払う。
分割払い（割賦払い）	後払いの一種。商品の受け渡し後，契約によって決めた回数に分けて商品代金を支払う。
前払い	売買契約の履行を確実にするために，商品の受け渡しが行われる前に，商品代金の一部あるいは全部を支払う。

よって，ウが適切な記述である。なお，アは分割払いについての記述，イは前払いについての記述である。

問3．正解はア

解説 売買の注文を行う際には，買い手は売り手に「注文書」を送付することで，注文の意思を伝える。それに対して，売り手は買い手に対して「注文請書」を送付することで，承諾の意思を伝える。よって，アの「注文請書」が適切である。イの「納品書」は，商品の発送と同時に，売り手から買い手に送付される書類で，商品の明細について記載されている。ウの「請求書」は，商品の到着に問題がない場合に，売り手から買い手に送付される，商品代金の支払いを求めるための書類である。

---

13 出題テーマ 代金決済（小切手）

問1．正解はア

解説 小切手は，銀行などに当座預金をしている企業などが，その銀行などに対して，小切手を持参した人に，小切手に示された金額を自分の当座預金口座から支払うように委託する証券である。つまり，この小切手に記載されている金額は，振出人の当座預金口座から支払われることになり，支払地として記載されている銀行名は，振出人の当座預金口座がある銀行を示している。よって，アが適切な記述である。

問2．正解はイ

解説 小切手の記載内容のうち，金額は特に重要である。仮に，悪意のあるものによって金額を変造された場合には，その金額を支払わなければならない事態も考えられる。そのため，金額についてはできる限り，変造されにくいように工夫する必要がある。アのようにチェックライターと呼ばれる専用の機器を利用したり，ウのように漢数字（大字）を用いたりすることで変造を防ぐことができる。イでは，後からペンで，たとえば「3」を「8」に書き換えられることが容易となってしまう。そのため，避けなければならない方法とされている。

問3．正解はア

解説 小切手は，持参人に対して記載されている金額を支払うため，盗難や紛失などによって本来の受取人以外が換金することを防ぐしくみが決められている。このしくみを線引小切手といい，小切手の表面に2本の平行線を引いたり，その平行線のなかに「Bank」などの文字を記入したりすることで線引小切手として扱われることになる。よって，アが適切な記述である。

> **Point** 小切手や約束手形については，記載されている情報は最小限であるが，いずれも重要な内容である。それぞれにどのような意味を持つものであるかを理解しておくことが大切である。これらは，総合実践の授業でも扱う学習内容である。

第36回　検定試験問題　解答 （各2点）

p.85～99

1

	(1)	(2)	(3)	(4)	(5)
	イ	オ	エ	ウ	ア

2

	(1)	(2)	(3)	(4)	(5)
	A	B	A	A	B

3

	(1)	(2)	(3)	(4)	(5)
	ウ	オ	ア	イ	エ

4

	(1)	(2)	(3)	(4)	(5)
	○	エ	○	ア	イ

(2 は，すべてに同一の記号を記入した場合は5問全部を無効としてください。)
(4 は，すべてに○を記入した場合は5問全部を無効としてください。)

5

	問1	問2	問3	問4	問5
	ウ	イ	ア	ウ	ア

6

	問1	問2
	ウ	イ

7

	問1	問2
	需要量	ア

8

	問1	問2	問3
	自給自足の生活	ア	イ

9

	問1	問2	問3
	ウ	ア	イ

10

	問1	問2	問3
	ア	イ	ウ

11

	問1	問2	問3
	固定資産税	ウ	ア

12

	問1	問2	問3	
	ウ	イ	2	割引き

13

	問1	問2	問3	問4	問5	問6
	見積依頼書	イ	ウ	当座預金	ア	イ

1 **出題テーマ** 小売業のチェーン化，商業集積

正解は(1) **イ** (2) **オ** (3) **エ** (4) **ウ** (5) **ア**

解説 小売業の多くは，複数の店舗を展開するチェーン化によって，規模を拡大することによって経営の効率化を図っている。チェーン化には次の三つの方式がある。

チェーン化の種類	内容
コーポレートチェーン	一つの企業が多数の店舗を設け，商品の仕入れや広告などを本部でまとめて行い，仕入価格の引き下げや経費の節減を行っている組織。
ボランタリーチェーン	コーポレートチェーンと同様の長所を取り入れるために，独立した多数の小売業が，企業としての独立性を保ちつつ協力している組織。
フランチャイズチェーン	本部（フランチャイザー）が，加盟店（フランチャイジー）を募集し，加盟店から一定の権利使用料（ロイヤリティ）を受け取る方式を採用している組織。

以上のことから，(2)がオの「コーポレートチェーン」，(4)がウの「フランチャイズチェーン」，(5)がアの「ボランタリーチェーン」であることがわかる。

また，顧客を集めるために小売店舗が複数集まった場所を商業集積という。商業集積には駅前などの人通りが多い場所に自然発生的にできた商店街や特定の開発業者（ディベロッパー）によって計画的に建設，運営されるショッピングセンターなどがある。よって，(1)がイの「商店街」，(3)がエの「ショッピングセンター」が当てはまる。

2 **出題テーマ** 協同組合

正解は(1) **A** (2) **B** (3) **A** (4) **A** (5) **B**

解説 協同組合は個人や小規模な事業者が，共通の目的のために自主的に集まって，相互扶助の精神で，営利を目的としない事業を行う企業である。一定額以上の出資で組合員になることができ，脱退も自由，組合員は有限責任で，議決権は出資の多少にかかわらず，一人1票である。また，一般的には，総会では組合運営などに関する基本的事項を決定し，その総会の決定に基づき，理事会が業務の執行を決定する。そして，理事会の決定に基づいて代表理事が事務局を使って業務を執行する。よって，(1)(3)(4)は条件に当てはまっているが，(2)の無限責任を負うとある部分，(5)の組合の運営業務の執行は取締役に委任されるとある部分が条件に当てはまらない。

3 **出題テーマ** 生活用品，産業用品

正解は(1) **ウ** (2) **オ** (3) **ア** (4) **イ** (5) **エ**

解説 生活用品は購買慣習によって，産業用品は用途によって次のように分類できる。

【生活用品の分類】

最寄品	低価格で，購買頻度が多く，最寄の店舗で購入する商品。
買回品	比較的高価格で，購買頻度が少なく，いくつかの店舗を回って比較して購買する商品。
専門品	高価格で，購買頻度が極めて少なく，時間や労力を惜しまず特定の専門店をたずねて購入する商品。

【産業用品の分類】

原材料	製品の主な素材。
部品	完成された製品の一部を構成する品。
設備	大型機械，工場設備，クーラーなど。
消耗品	製品を構成しないが，製造するために必要なもの。

以上のことから，(1)がウの「最寄品」，(2)がオの「買回品」，(3)がアの「専門品」，(4)がイの「原材料」，(5)がエの「設備」であることがわかる。

4 **出題テーマ** ビジネスと売買取引，ビジネス計算

正解は(1) **○** (2) **エ** (3) **○** (4) **ア** (5) **イ**

解説 (1) プリペイドカードはあらかじめお金をチャージ（入金）しておき，その金額内の商品を購入することができるものである。また，クレジットカードは代金を支払うと，利用代金は翌月以降の支払日に引き落とされるものである。本問で出題されているデビットカードは，カードを利用すると即時に，引き落とし口座から利用代金が引き落とされるものであり，○が正解となる。

(2) 外国との取引において，船を使う輸送手段の場合の価格の決め方として，船積み港で商品を本船に積み込むまでにかかる費用を売り手が負担する価格をエの「ＦＯＢ」価格（本船渡し価格）という。なお，ＦＯＢ価格に海上運賃や海上保険料を加えた価格をＣＩＦ価格（運賃保険料込み価格）という。

(3) 本文にあるＤＩＹとは，「Do It Yourself（自分でやろう）」を意味していて，日本語では日曜大工のことである。ＤＩＹに関連した商品が豊富にある小売商とあるので，ホームセンターであることがわかる。○が正解である。

(4) 日数の計算には初日か最終日の一方のみを日数として加える片落としと，初日と最終日のいずれも日数として加える両端入れがある。本問は両端入れのため，初日（令和4年1月29日）と最終日（令和4年2月6日）ともにいれて数えるため，アの「9」日となる。

(5) 仕入原価に予定している利益額（見込利益額）を加え

ることを値入れという。見込利益額は，仕入原価に対する割合で表され，その割合を見込利益率という。

見込利益額＝仕入原価×見込利益率

予定売価＝仕入原価＋見込利益額

　　　　＝仕入原価×（1＋見込利益率）

本問において予定売価を求めると，

100,000（仕入原価）×（1＋0.35（見込利益率））＝135,000（予定売価）

となる。よって，正解はイである。

5 出題テーマ　場面に応じたビジネスマナー

問1．正解はウ

解説 お辞儀には場面に応じた3つの種類がある。

お辞儀の種類	内容
会釈	上体を15度傾けるお辞儀 （場面）廊下ですれ違うときや部屋の入退室のとき
普通礼（敬礼）	上体を30度傾けるお辞儀 （場面）お客の送迎や訪問先での挨拶のとき
最敬礼	上体を45度傾けるお辞儀 （場面）深い感謝や謝罪をするとき

本問は15度の角度で会釈したとあるため，正解はウとなる。

問2．正解はイ

解説 敬語の使い方には次の3種類がある。

敬語の種類	内容
尊敬語	相手の動作を高めることで敬意を表す。
謙譲語	自分の動作をへりくだって表現することで相手を高めて敬意を表す。
丁寧語	「です」「ます」をつけて丁寧に言うことで相手に敬意を示す。

(b)には自分自身がへりくだった言い方の敬語とあるため，イの「謙譲語」となる。よって正解はイとなる。

問3．正解はア

解説 敬称とは，人に対して敬意を示すために氏名に添える言葉である。一般的には，「様」「殿」「氏」などがあり，男子に「くん」，男女両方に「さん」が用いられることもある。また，「○○課長」や「○○部長」のように役職を氏名の後につけるのも敬称である。ビジネスにおける言葉づかいでは，社外の人に社内の人のことを言う場合，会社での役職や年齢が上でも，敬称は付けないのがビジネスマナーである。よって，選択肢イは「佐藤課長」という言い方，選択肢ウは「佐藤さん」という言い方が不適切となる。よって，正解はアとなる。

問4．正解はウ

解説 コミュニケーションは「直接的，間接的」「公式，

非公式」「言語，非言語」という三つの基準で分類される。

直接的コミュニケーション

　…人と人とが面と向かい直接的に行う。

間接的コミュニケーション

　…印刷物，機器，電波などのメディアを通じて間接的に行う。

フォーマルコミュニケーション

　…会社での会議や打ち合わせなど公式な場面で行う。

インフォーマルコミュニケーション

　…昼食時の会話など非公式な場面で行う。

バーバルコミュニケーション

　…会議，電子メール，印刷物など言語により行う。

ノンバーバルコミュニケーション

　…身ぶりや手ぶり，表情や態度など非言語で行う。

下線部(d)にはお客様と応接室で面談を行う場面とある。よって，この場合のコミュニケーションは，

　・直接的コミュニケーション

　・フォーマルコミュニケーション

　・バーバルコミュニケーション

といえる。よって，正解はウとなる。

問5．正解はア

解説 名刺は，名前や会社名，電話番号，メールアドレスなど，さまざまな情報が記されている重要なビジネスアイテムである。名刺は，名乗りながら，相手が文字を見える向きで渡すのがビジネスマナーである。よって，正解はアとなる。

6 出題テーマ　流通業

問1．正解はウ

解説 3Rとは，環境保護・廃棄物対策に関するキーワードで，以下の3つの語の頭文字をとった言葉である。

Reduce（リデュース）：廃棄物の発生を少なくする。

Reuse（リユース）：商品や部品をくり返し使用する。

Recycle（リサイクル）：廃棄物を原材料やエネルギーとして再生利用する。

下線部(a)の内容から，正解はウとなる。

問2．正解はイ

解説 POSシステムとは販売時点情報管理システムと日本語に訳されるように商品の売上データを記録・集計システムである。よって，正解はイとなる。なお，選択肢アはEDIのことであり，企業間取引で発生する契約書や受発注書，納品書や請求書といった帳票のやり取りを専用回線やインターネットを用いて電子的に行うシステムの説明である。選択肢ウはCRMのことである。CRMとは，各部門に分散している顧客情報をデータベースで一元管理し，顧客へのマーケティングを効率的に行うというもので

ある。

7 出題テーマ 需要と供給

問1. 正解は需要量

解説 消費者が買いたいと思う欲求を「需要」といい、その量を「需要量」という。また、生産者が売りたいと思う欲求を「供給」といい、その量を「供給量」という。価格が高くなるにつれ、消費者が買いたいと思う欲求は減少する。すなわち、需要量は減ることから需要曲線は価格が高いときには数量が少ない左上の点から、価格が安いときには数量が多い右下の点を結んだ右下がりで表される。また、供給量に関してはその逆になるため、供給曲線は右上がりで表される。なお、需要のDはDemand、供給のSはSupplyの頭文字をとったものである。

問2. 正解はア

解説 需要曲線と供給曲線が交わる点を均衡点といい、そのときの量を均衡量、そのときの価格をアの「均衡価格」という。よって、アが適切である。なお、均衡点を表すEは、Equilibriumの頭文字をとったものである。

8 出題テーマ 流通の歴史と役割

問1. 正解は自給自足の生活

解説 原始社会の人々は、家族や氏族といった、限られた狭い範囲で集団生活をしていたことから、自分たちが消費する分だけ、自分たちで生産するという生活を営んでいたと考えられる。このような生活を自給自足といい、この状況では流通活動は必要としないのが特徴である。

問2. 正解はア

解説 物々交換では、自分が希望するものと相手が希望するものが一致しなければ、交換が実現しない。そのような不便を取り除くために、貨幣が用いられるようになった。貨幣を用いることで、自分が欲しいものと直接交換することができなくとも、いったん貨幣と交換しておくことで、別のタイミングで別の人から、自分が欲しいものと交換することが容易になったのである。貨幣は、それ自体に価値がある米や布などの物品貨幣が最初は用いられたが、保存や持ち運びの問題を解消するために、金属貨幣が用いられるようになっていった。よって、アが適切な記述である。

問3. 正解はイ

解説 生産と消費の隔たりには、以下のようなものがある。（第2回模擬試験問題解説P.13も参照）

隔たりの種類	内容
人的隔たり	生産者と消費者が別々である場合に生じる隔たり。所有権の移転に関連することから、所有的隔たりともいう。
空間的隔たり	生産地と消費地が異なることから生じる隔たり。
時間的隔たり	生産の時期と消費の時期が異なることから生じる隔たり。
情報的隔たり	生産者と消費者の間で、持っている情報が異なることから生じる隔たり。
価値的隔たり	生産者が売りたい価格と消費者が買いたい価格が異なることから生じる隔たり。

ここでは、生産者と消費者という、人についての隔たりが問われているので、イの「人的（社会的）隔たり」が適切である。

9 出題テーマ 物流業

問1. 正解はウ

解説 モーダルシフトとは、トラックなどの自動車で行われている輸送を、環境負荷が小さく、荷物が一度にたくさん運べて輸送効率の高い船舶、鉄道での輸送に一部変更しようとする取り組みである。よってウが適切な記述である。アについてみると、戸口（各家庭）への小口の荷物の配送には、宅配便でみられるようなトラックによる輸送が最適であることから、自動車輸送の特徴を述べている。イは、「貨物の種類や重さに厳しい制限があるが、極めて輸送速度が速い」といった記述から、航空輸送の特徴を述べていることがわかる。

問2. 正解はア

解説 物流の主な活動には、輸送、保管、包装、流通加工、荷役、情報管理がある。アの「流通加工」は、商品の切断、混合、再包装、接着、組み立てなどをする活動、イの「荷役」は、倉庫から外へ、外から倉庫へと荷物を運搬する活動、ウの「情報管理」は、情報化によって荷物の入出庫管理や在庫の管理などを行う活動である。よって、アが適切である。

問3. 正解はイ

解説 ユニット・ロード・システムとは、個々の商品をパレットやコンテナなどで、ひとまとめにすることで、荷役を機械化し、輸送が効率的にできるようにするしくみである。たとえば、形や大きさが異なる商品も、コンテナに収納することで、まとめて積み下ろしや保管することができるといった利点がある。また、コンテナは大きさが標準化されていることから、さまざまなトラックや鉄道、船舶の輸送にも対応することが容易となっている。よって、イが適切な記述である。なお、アは、ITFコードについての記述であり、また、ウは、モータリゼーションについて

の記述である。

10 出題テーマ 雇用，マネジメント

問1．正解はア

■解説▶ 正規雇用労働者とは，雇用契約の期間の定めがなく，長期雇用を前提とした待遇や人事制度のもとで働く労働者のことであり，いわゆる正社員と呼ばれる労働者のことである。一方，非正規雇用労働者とは，数か月や一年など期間を定めた雇用契約を企業と結ぶ「契約社員」，一週間の所定労働時間が正社員に比べて短く，時間給制や日給制で働く「アルバイト・パートタイム労働者」，派遣会社と雇用契約を結び，派遣先の企業で働く「派遣社員」などである。イはアルバイト・パートタイム労働者についての記述，ウは契約社員についての記述であり，アが適切な記述である。

問2．正解はイ

■解説▶ 下線部(b)から，「ＩＣＴを積極的に活用」や「データを一元管理」による効率化といった記述が読み取れる。ＩＣＴとは，情報通信技術のことであり，これまで手作業などで行っていた処理を，コンピュータなどを活用することで，より効率的に行うことができるようになる。アでは，「手作業で紙に書き」といった記述があり，また，ウでは，「ホワイトボードに記入して」といった記述があることから，いずれもＩＣＴを十分に活用しているとは言い難い。イには，「情報を管理システムに集約」といった記述があることから，選択肢のなかで最も適切な記述であるといえる。

問3．正解はウ

■解説▶ アでは，「1年365日の営業を継続し」とあるが，本文12行目に「1年365日営業という旅館業の常識をくつがえし，稼働率が低い火曜日と水曜日を定休日にした」と記載されているため，不適切である。イでは，「一人が一つの業務に専念したことで」とあるが，本文10〜11行目に「従業員は，情報管理システムにより…一人で複数の業務を担当できるようになった」とあることから，これも不適切である。ウについては，本文12行目「火曜日と水曜日を定休日にした」ことから，定休日の導入，本文16行目「仕事の効率や働きやすさが高まった」ことから，働きやすさや働きがいが向上したことが読み取れるうえ，本文17〜18行目「宿泊客に対するおもてなしが充実し，顧客満足度がさらに増していった」とあるので，この問いにおいてはウが最も適切である。

11 出題テーマ 企業活動と税

問1．正解は固定資産税

■解説▶ わが国の税金の種類は約50種類あるが，ビジネス

に関わる主な税金をまとめると以下のようになる。

主な税金	内容
法人税	法人の一事業年度における事業活動により生じた利益(所得)に課される。国税。
消費税	ものの販売やサービスの提供に対して課される。消費税(国税)と地方消費税(地方税)に分けられる。
住民税	公共サービスを受ける対価として支払う税金で，個人にも法人にも課せられる。道府県民税と市町村民税をあわせたもの。
事業税	法人の利益(所得)に対して課される税金。道府県税。事業規模に応じた税負担もある。
固定資産税	土地，建物，機械装置，備品などの固定資産を所有している場合に課される。

よって，固定資産税が正解である。

問2．正解はウ

■解説▶ 間接税とは，税を納める人と税を負担する人が別の税金のことである。代表的な間接税には消費税がある。税の性質を表しているのであり，「間接税」という名前の税金があるわけではない。よって，ウが適切な記述である。アは，直接税についての記述である。直接税と間接税は対をなすものなので，あわせて理解しておきたい。イは，累進課税に関する記述であり，所得税などで採用される税の性質である。

問3．正解はア

■解説▶ わが国では，法人税や消費税などの主だった税金は，納税者が所得の金額と税額を自分で計算して申告し，納税する方式を原則としている。これを申告納税方式という。よって，アが適切な記述である。なお，イは賦課課税方式についての記述であり，ウは源泉徴収制度についての記述であるので，いずれも不適切である。

12 出題テーマ 代金の計算

問1．正解はウ

■解説▶ 仕入原価は，商品を仕入れたときの金額に，引取運賃などの諸費用（仕入諸掛）を加えた金額である。よって，本問で求める金額は，商品の仕入れ価格「2,000×50＝100,000」に，仕入諸掛「25,000」を加えた額であるので，「125,000（円）」となる。よって，ウが正解となる。

問2．正解はイ

■解説▶ アの「コンプライアンス」は，法令遵守と訳され，企業が法律や社会的な倫理，商習慣などを守ることを意味する言葉である。イの「アウトソーシング」は，企業がコストの削減や本来の業務に専念するために，業務の一部を外部に委託することを意味する言葉である。ウの「トレード・オフ」は，選べる選択肢が二つ以上あるときに，どれかを選ぶとほかの選択肢をあきらめなければならない状態を意味する言葉である。よって，ここではイが正解である。

問3．正解は2割引き

■解説▶ 下線部(c)の記述より，1玉あたりの予定売価は当初の定価である5,000円，実売価格は割り引きして販売することにした4,000円である。よって，求める割引の割合をxとすると，5,000×（1－x）＝4,000となり，これをxについて解くと，x＝0.2となる。すなわち，2割引きであることが求められる。

---

13 出題テーマ 売買契約の締結と履行

問1．正解は見積依頼書

■解説▶ 売買契約の締結から履行までに用いられるさまざまな書類には，以下のようなものがある。

売買契約書類の種類	内容
見積依頼書	買い手が売り手に，取引条件を示し，価格を問い合わせる。
見積書	売り手が買い手に，取引条件や価格について回答する。
注文書	買い手が売り手に，注文の意思を伝える。
注文請書	売り手が買い手に，注文を請け負ったことを伝える。
納品書	売り手が買い手に，商品の発送と同時に送付し，商品の明細について伝える。
物品受領書	買い手が売り手に，検収の結果，問題がなかったことを伝える。
請求書	売り手が買い手に，商品代金の支払いを求める。
領収証	売り手が買い手に，商品代金を受領したことを伝える。

よって，本問で問われているものは，見積依頼書となる。

問2．正解はイ

■解説▶ 運送にかかる費用については，注文書の「運賃諸掛」の欄を参照する。すると，「売り手負担」とあることから，費用は売り手である十勝工産が負担することが読み取れる。また，注文書の「支払条件」の欄を参照すると，「着荷後10日以内小切手払い」と記載されているため，代金は着荷後10日以内に小切手で支払うことがわかる。よって，2つの内容を満たす，イが適切な記述である。

問3．正解はウ

■解説▶ 上述の問1の解説の表を参照すると，注文請書の説明としては，ウが適切である。なお，アについての書類は，定型的なものは存在しない。個別に書類を作って対応することになる。また，イについては，請求書の説明といえる。

問4．正解は当座預金

■解説▶ 小切手や約束手形を振り出した際，その支払いは当座預金口座から行われる。なお，当座預金は普通預金とは異なり，利息が付かない特徴がある。つまり，普通預金は，利息が付く代わりに小切手や約束手形の支払いには使えない。当座預金は，利息が付かない代わりに小切手や約束手形の支払いに使うことができるということである。

問5．正解はア

■解説▶ 一般線引小切手とは，小切手の不正な換金を防ぐために，小切手の表面に2本の平行線を引くか，その平行線のなかに「Bank」などと記載することで，一般の持参人には支払いを行わないようにした小切手である。よって，アが適切である。なお，イのように，2本の平行線のなかに，特定の銀行名を記入した小切手を，特定線引小切手といい，支払銀行は，記載された銀行を通じなければ支払いをしないため，一般線引小切手よりもさらに安全となる。また，2本の平行線は，小切手の表面に記入しなければならないため，ウのように小切手の裏面に2本の平行線（およびBANKの文字）を書くことは適切ではない。

問6．正解はイ

■解説▶ 本問における ① には，振り出した小切手を渡した相手を記入することになる。本文の1月18日の記述から，小切手を振り出したのは清涼クリーニング，受け取ったのは十勝工産であるため， ① には，「株式会社十勝工産」があてはまることになる。 ② には，小切手に記載された金額を支払う銀行支店名が記載される。小切手の金額は振出人の預金口座から支払われるため，振出人である清涼クリーニングの取引銀行が記載されることになる。よって， ② には，「株式会社小樽銀行南支店」があてはまることになる。よって，この組み合わせであるイが適切である。

第37回　検定試験問題　解答　(各2点)

1	(1)	(2)	(3)	(4)	(5)
	ウ	ア	イ	オ	エ

2	(1)	(2)	(3)	(4)	(5)
	B	A	B	B	A

3	(1)	(2)	(3)	(4)	(5)
	エ	オ	イ	ア	ウ

4	(1)	(2)	(3)	(4)	(5)
	○	○	イ	○	オ

(2 は，すべてに同一の記号を記入した場合は5問全部を無効としてください。)
 4 は，すべてに○を記入した場合は5問全部を無効としてください。

5	問1	問2	問3	問4	問5
	ウ	イ	イ	ア	ア

6	問1	問2			
	ア	S	D	G	s

7	問1	問2	問3						
	ウ	イ	フ	ラ	ン	チ	ャ	イ	ズ	チェーン

8	問1	問2	問3
	ウ	ウ	イ

9	問1	問2	
	ア	為	替	業務

10	問1	問2	問3
	ア	イ	ウ

11	問1	問2	問3
	イ	ウ	ウ

12	問1	問2	問3
	ア	株　主	ア

13	問1	問2	問3	問4	問5	問6
	ア	イ	注　文　書	イ	ウ	200 円

1 　出題テーマ　物流業のビジネス

正解は(1) **ウ**　(2) **ア**　(3) **イ**　(4) **オ**　(5) **エ**

■解説▶ ものの輸送と保管を専門に担当するビジネスが物流業である。解答群のア～オは物流業の各活動であり，それぞれの内容は下表の通りである。なお，物流業にとっては輸送や保管が主な活動であり，収入源となる。

物流の活動	活動の内容
輸送	商品の輸送サービスを提供する活動。
保管	商品の保管サービスを提供する活動。
包装	保護材などで商品を包装する活動。効率的に運ぶことをできるようにする。
流通加工	商品の切断，混合，再包装，接着，組み立てなどをする活動。
荷役	倉庫から外へ，外から倉庫へと荷物を運搬する活動。
情報管理	荷物の入出庫情報や在庫の管理などを行う活動。

Point　「情報管理」の活動は，輸送をはじめとした物流業の活動を効率化するために行われているものであり，それ単体では物流業の活動とはいえないことに気を付けたい。

2 　出題テーマ　資金調達

正解は(1) **B**　(2) **A**　(3) **B**　(4) **B**　(5) **A**

■解説▶ ビジネスにおける資金は，主に運転資金と設備資金に分けられる。運転資金は，日常の業務に必要な資金のことであり，商品の仕入代金や給料の支払いのための資金などが該当する。一方，設備資金は，長期間にわたり利用する生産設備の購入に必要な資金のことであり，土地，建物，機械装置などの購入にあてられる資金が該当する。よって，(1)賃金の支払いとあるので，運転資金。(2)店舗を開設するための土地や建物の代金とあるので，設備資金。(3)水道料金や電気料金の支払いとあるので，運転資金。(4)商品の仕入れや手形代金の支払いとあるので，運転資金。(5)新しい機械装置の代金とあるので，設備資金となる。

Point　(3)について，水道や電気と聞くと，設備関連の費用と考えてしまい，設備資金と考えてしまうかもしれない。しかし，水道料金や電気料金は，日々の活動によって生じる費用の代金であるため，運転資金となることを理解しておきたい。

3 　出題テーマ　小売業の種類

正解は(1) **エ**　(2) **オ**　(3) **イ**　(4) **ア**　(5) **ウ**

■解説▶ 小売業は，生産者や卸売業から商品を仕入れて，私たち消費者に対して直接販売する役割を担っている。そのうち，実際に店舗を設けて販売をしている店舗販売の業態である。主な業態の特徴は，下表の通りである。

業態	特徴
一般小売店	比較的小規模で特定の種類の商品だけを品ぞろえしている業態。
専門店	取扱商品の種類をしぼった専門性の高い品ぞろえを特徴とする業態。
ＳＰＡ（製造小売）	自社独自の商品を生産して販売まで手掛けている業態。
百貨店（デパート）	幅広い商品を部門ごとに取り扱う対面販売を中心とした大規模な業態。
総合スーパー	食料品や衣料品を中心に，日用品を総合的に取り扱うセルフサービス方式を中心とした大規模な業態。
スーパーマーケット	生鮮三品を中心に，食料品に特化した品ぞろえをする業態。
コンビニエンスストア	生活必需品を取りそろえ，長時間営業や年中無休を特徴とする業態。
ドラッグストア	医薬品や化粧品を中心に，食料品や日用品を含む品ぞろえをした業態。
ホームセンター	日用品から住宅関連品，園芸用品まで幅広い品ぞろえをした業態。

Point　総合スーパーとスーパーマーケットの違いは，総合スーパーが「衣食住」の分野を総合的に取り扱っているのに対し，スーパーマーケットは「食」に特化している点があげられる。

4 　出題テーマ　代金決済，ビジネス計算，税

正解は(1) **○**　(2) **○**　(3) **イ**　(4) **○**　(5) **オ**

■解説▶ (1)貨幣とは，政府が発行する硬貨のことであり，その強制通用力は額面金額の20倍までとなっている。したがって，○が正解である。なお，紙幣には無制限に強制通用力がある。(2)およその数のことを概数という。大まかな数で表すことで理解を容易にすることができる。概数で計算することを概算という。したがって，○が正解である。(3)利息の計算方法には，預け入れた元金に対してのみ利息が計算される単利と，一定期間ごとに支払われる利息を元金に加えて，これを新しい元金とみなして利息が計算される複利がある。文章の説明は複利に関する説明であり，イの「複利法」が正解となる。(4)小切手は持参人払いの性質をもつため，不正に持参した人に換金される恐れがある。それを防ぐために，線引小切手という方法があり，小切手の表面に２本の平行線を引くか，その平行線の中に「Bank」などと記入したものを一般線引小切手，２本の平行線の中に特定の銀行名を記入したものを特定線引小切手という。文章中には，「指定の銀行名」とあるので，特定線引小切

手についての説明をしている。したがって，正解は○である。(5)財務諸表の信頼性を高めるために，公認会計士などのチェックを受けることを監査という。よって，オの「会計監査」が正解である。なお，下線部の「確定申告」とは，事業年度ごとに納税する税額を計算し，申告する制度のことをさす。

5　出題テーマ　ビジネスマナー，情報の活用

問１．正解はウ

解説 コミュニケーションの種類には以下のようなものがある。

直接的コミュニケーション	人と人とが面と向かい直接的に行う。
間接的コミュニケーション	印刷物，機器，電波などのメディアを通じて間接的に行う。
フォーマルコミュニケーション	会社での会議や打ち合わせなど公式な場面で行う。
インフォーマルコミュニケーション	昼食時の会話など非公式場面で行う。
バーバルコミュニケーション	会議，電子メール，印刷物など言語により行う。
ノンバーバルコミュニケーション	身ぶりや手ぶり，表情や態度など非言語で行う。

下線部(a)の「間接的コミュニケーション」とは，直接顔を合わせてではなく，なにかしらの手段を通して行うコミュニケーションであることから，ウが適切である。なお，アは「直接的コミュニケーション」の説明，イは「ノンバーバルコミュニケーション」の説明である。

問２．正解はイ

解説 お辞儀の種類は以下のように分けられる。

会釈	廊下などですれ違うときや部屋の入退室，訪問先でお茶を出されたときなどにするお辞儀。上体を15度傾ける。
普通礼（敬礼）	お客の送迎や訪問先であいさつするときなどにするお辞儀。上体を30度傾ける。
最敬礼	深い感謝や謝罪をするとき，式典や訪問先から退社するときなどにするお辞儀。上体を45度傾ける。

下線部(b)では，「上体を45度ほど傾ける例」と記述されているので，これは「最敬礼」のことである。よって，イが適切なものとなる。

問３．正解はイ

解説 敬語には，相手の動作を高めることで敬意を表す尊敬語，自分や身内側の動作をへりくだって表現することで，間接的に相手を高めて敬意を表す謙譲語，「です」や「ます」をつけて丁寧に言うことで相手への敬意を表す丁寧語がある。アの「召し上がる」は「食べる」の尊敬語であり，自分の動作に対して用いるのは適切とはいえない。ウの「申

し上げる」は「言う」の謙譲語であり，お客様という敬意を示すべき他者の動作について用いるのは適切とはいえない。イの「いらっしゃる」は「行く」，「いる」の尊敬語であり，尊敬語がお客様の動作について用いることが適切な使い方であることから，イが適切なものとなる。

問４．正解はア

解説 下線部(d)には，「非公式な場面でのコミュニケーション」という記述がある。問1の解説の表を参考にすると，アの「インフォーマルコミュニケーション」が適切なものとなる。

問５．正解はア

解説 下線部(e)で記述されているような「膨大な情報」のことを，「ビッグデータ」という。よって，アが適切なものとなる。ビッグデータは，形式が多種多様で膨大なデータのことを指し，ICTの発達とともに，今後の活用が注目されている。なお，イの「フェイクニュース」は，主にSNS上で発信される，本物のように偽った虚偽のニュースのことをいい，ウの「IoT」は，Internet of Thingsのことで，ものとインターネットがつながり，ものどうしも接続される仕組みをいう。

6　出題テーマ　社会の課題とビジネス

問１．正解はア

解説 「３R」（スリーアール）は，環境と経済が両立した循環型社会を形成していくための三つの取り組みの頭文字をとったものであり，それぞれ以下のような内容のことである。

リデュース（Reduce）	無駄なごみは出さない，といった「排出抑制」のこと。
リユース（Reuse）	びんなどは「再利用」して販売する，といったこと。
リサイクル（Recycle）	再商品化が可能なものは「再資源化」する，といったこと。

「無駄なごみを出さないようにする」活動と合致するのは「リデュース」であるため，アが適切となる。

> **Point** リユースは，不要となったそのものを新たに別の場面で使用するのに対し，リサイクルは，一度資源に戻し，改めて製品化する。よって，空き瓶を洗浄して再度使用するのはリユースであり，ペットボトルを粉砕して，それを原料として新たなペットボトルを製造するのはリサイクルにあたる。

問２．正解はSDGs

解説 SDGsとは，Sustainable Development Goalsの略称であり，持続可能な開発目標という意味を持つ。「地球上の誰一人として取り残さない」という誓いのもと，2015年9月に採択された。17の目標の中には「貧困

をなくそう」,「すべての人に健康と福祉を」,「人や国の不平等をなくそう」などがあり,多くの企業が経営理念などと関連付け,達成に向けた努力に取り組んでいる。

7 出題テーマ　流通の進化

問1. 正解はウ

■解説■ 下線部(a)のPOSとは,Point of Salesを略したものであり,「POSシステム」は,販売時点における販売情報を管理するシステムのことである。コンビニエンスストアをはじめ,現在では多くの小売業の業態で活用されているため,日常の生活においても目にすることが多い。アは,システム共有による商品の受発注システムについて述べており,EOS(Electronic Ordering System, 電子発注システム)の説明となる。イは,商品に関する電子データの交換,とあるので,EDI(Electronic Data Interchange, 電子データ交換)を指す。ウは,「バーコードを,販売時に」,「商品の販売情報を収集・管理するシステム」と記述されており,POSシステムの説明となる。よってウが適切である。

問2. 正解はイ

■解説■ 下線部(b)のプライベートブランド商品とは,小売業が商品企画をしてつくる独自の商品のことである。対して,生産者であるメーカーが商品企画をしてつくる商品はナショナルブランド商品という。選択肢ア〜ウは,いずれも「消費者ニーズを把握しやすい」との記述から始まっているが,流通の段階を考えたとき,より消費者に近い位置にあるのは小売業者であり,このことからもイが適切なものといえる。

問3. 正解はフランチャイズチェーン

■解説■ 小売業の多くは,経営の効率化を図るために,規模の拡大を目的としてチェーン化に取り組んでいる。チェーン化の方式には以下の三つがあげられる。

コーポレートチェーン	一つの企業が多数の店舗を設け,商品の仕入れや広告などを本部でまとめて行い,仕入価格の引き下げや経費の節減を行う。総合スーパーや専門店などに多くみられる。
ボランタリーチェーン	独立した多数の小売業が,企業としての独立性を保ちつつ協力して組織する。食料品,日用品,化粧品などの業界にみられる。
フランチャイズチェーン	本部(フランチャイザー)が,加盟店(フランチャイジー)を募集し,加盟店に対して商品の供給や販売方法の指導などを行い,加盟店から一定の権利使用料(ロイヤリティ)を受け取る方式。コンビニエンスストアやファストフード店などにみられる。

よって,下線部(c)の説明にふさわしいのは,フランチャイズチェーンとなる。

8 出題テーマ　保険の仕組みと種類

問1. 正解はウ

■解説■ 保険の仕組みは,同じリスクをもった人々(保険契約者)が,保険料を出し合い準備金として積み立て,その中のメンバーの誰かに損害が発生したときには,その準備金から保険金を支払うことから成り立っている。また,準備金を集め保険金を支払うという保険事業を営むものを「保険者」といい,下線部(a)の保険会社がこれにあたる。よって,ウが適切なものとなる。なお,アの「被保険者」とは,保険の対象となる者,または対象となる財産をもつ者で,保険事故により経済的損害を被る者をいう。

問2. 正解はウ

■解説■ 前問の解説のように,保険会社から支払われる金銭を「保険金」という。よってウが適切なものとなる。なお,イの「供託金」とは,法律の規定に基づき,国の機関である供託所に預けた金銭のことをいう。

問3. 正解はイ

■解説■ 保険は,下表のように分類することができる。

政策保険	国や地方公共団体が政策を遂行するための保険。公的医療保険や雇用保険などの社会保険がある。
普通保険	民間の保険会社が扱う保険。主に人の生死を保険の対象とした生命保険と,建物,家財などの財産を対象とした損害保険がある。損害保険には,火災保険や自動車保険などがある。

アは,「人の生死を対象」と記述されているので,生命保険を指している。イは,「財産を対象」と記述されているので,損害保険を指している。ウは,「国や地方公共団体の政策を対象」と記述されているので,政策保険を指している。よって,下線部(c)の例として適切なものは,イとなる。

9 出題テーマ　金融業のビジネス

問1. 正解はア

■解説■ 下線部(a)の預金業務とは,家計や企業などの余裕資金を預かり,一定の利息を預金者に支払う銀行の業務のことをいう。よって,アが適切なものとなる。イで記述されている内容は,銀行の貸出業務について説明しているものである。また,ウは,銀行の商品(サービス)の一つである貸金庫について述べたものであり,これは,銀行の高いセキュリティ性を活用したサービスである。なお,下線部(a)には,受信業務という記述も見られるが,これは,「預金者から信用を受けてお金を預かる」ことに由来するものであり,同様に,与信業務という記述には,「貸出先に信用を供与する」という意味が含まれている。

問2. 正解は為替業務

■解説■ 為替業務とは,現金を移動させることなく,口座

間の資金移動を行うことで，代金支払や金銭授受を行う業務をいう。遠隔地への支払いや，多額の資金移動などの際に，現金を用いることなく代金決済ができるため利用されることが多い。

> **Point** 銀行の収益は，預金業務と貸出業務から利ざやを得て，為替業務からは手数料を得ることによってもたらされている。問題文にもある通り，超低金利のため，銀行は利ざやを得ることが厳しくなっている。そのため，手数料を得るための商品（サービス）の比重が高まっている。

> **Point** 「為替」は熟字訓と言われる読み方で，1文字ずつに読み方がふられるわけではない。記述の際には「替為」と書いてしまう誤答がしばしばみられるため，注意してほしい。

10 出題テーマ 組織の運営，経営戦略

問1．正解はア

解説 下線部(a)には，「企業活動でめざす理想や目標」とある。このように，企業の基本的な活動方針となるものを「経営理念」という。よってアが適切なものとなる。イの「コーポレート・ガバナンス」は，企業経営がきちんとなされているのかを取締役会や株主などがチェックする仕組みのことをいう。ウの「ノーマライゼーション」は，社会的に弱いとされる立場の人が，ほかの人たちと同じように生活できるようにすることをいう。

問2．正解はイ

解説 下線部(b)にある，「ビジネスモデル」とは，ビジネスによる収益を持続的に得るための仕組みのことである。さらに，製品やサービスを一定期間利用できる「権利」との記述があるので，定額制のビジネスモデルである，イの「サブスクリプション」が適切なものとなる。現在では，音楽や動画の配信をはじめとして，幅広い分野でみられるビジネスモデルである。なお，アの「トレード・オフ」とは，複数の選択肢がある状況において，何かを選べば，別の何かをあきらめなければならない状態のことをいう。ウの「ロイヤリティ」とは，権利使用料ともいわれ，フランチャイズチェーンにおいて，加盟店が本部に支払う対価のことなどをいう。

問3．正解はウ

解説 アについては，後半部の「気に入った服を購入することができるから」という記述に対して，本文3段落目3行目にそのとおりの記載がある。しかし，前半部の「自分が選んだ服が自宅に届けられ」という記述に対しては，2段落目5行目に「プロのスタイリストがその顧客に合わ

せて選んだ服を」と記載されているため，適切とはいえない。イについては，後半部の「返却時のクリーニング代も無料にしたから」という記述に対して，3段落目4行目に「返却する際のクリーニングも不要にした」と記載がある。しかし，前半部の「子どものファッションをターゲットにし，入学式や卒業式の衣装も定額でレンタル」という記述に対しては，本文中に該当する記載が見当たらないので，適切とはいえない。ウについては，前述の通り「プロのスタイリストが選んだ服が定期的に届けられ」という記載は本文中にみられ，3段落目4行目にある「ブランドや服によって料金を変えない定額制」で，4段落目3行目にある「顧客に評価され」とある記述は，本文に主旨に沿うものとして適切なものといえる。よって，ウが適切なものとなる。

11 出題テーマ マーケティング，福利厚生制度

問1．正解はイ

解説 製品やサービスが「売れる仕組みをつくること」をマーケティングという。マーケティングを進めていくうえで，製品，価格，流通（チャネル），プロモーションという四つの要素について検討していくことがポイントであり，これらの組み合わせのことを「マーケティングミックス」という。よって，イが適切なものとなる。なお，アの「PDCAサイクル」とは，プロジェクトマネジメントで必要となる計画（Plan）・実行（Do）・評価（Check）・改善（Act）の頭文字をとったものである。ウの「ホスピタリティ」とは，相手の役に立つように気を配ったり，行動したりすることをいう。

問2．正解はウ

解説 問題文で述べられている法定福利制度としての各種保険とその特徴は，以下のようにまとめられる。

健康保険	病気やけがの際に治療費の一部がまかなわれる。産前産後休業時にはその分の所得がまかなわれる。保険料の半額を原則会社が負担する。
労災保険	業務時，通勤時の病気やけがに対する保険。保険料は全額会社が負担する。
厚生年金保険	老齢，死亡，障がいなどで働けなくなった場合に年金が支給される。保険料の半額を原則会社が負担する。
雇用保険	失業時の現金給付や育児休業，介護休業中の所得補償がある。保険料の一部を会社が負担する。

よって，下線部(b)の説明としては，ウが適切なものとなる。なお，アは厚生年金保険，イは雇用保険の説明である。

問3．正解はウ

解説 下線部(c)の法定外福利制度には，社宅の提供，住宅手当，家族手当，教育訓練費の補助など，各企業独自のものがみられる。これらは，法律によって企業に義務付け

られている法定福利制度とは異なるものである。よって，アの前半部にある「法律によって義務付けられており」という記述は法定外福利制度の説明としては当てはまらない。また，イの記述のように，「幼児期」や「子育て支援」のためだけに行われるものともいえない。よって，ウの記述内容が，本文の主旨からも合致していることから，適切なものとなる。

12 出題テーマ 経営戦略，株式

問1．正解はア

解説 下線部(a)には，「下表のように（中略）4段階の価格を設定した」とある。ここで，下表にあたる「2022年10月の料金表（一部抜粋）」をみてみると，土日祝日の料金が9,400円で平日に比べて高額になっていることが読み取れる。このことはアで記述されている内容と合致しているため，適切なものといえる。イについては，1日利用券と株式保有による優待制度の関係については本文で述べられているが，理由として適切とはいえない。ウについても，そのような記述が本文中からは読み取れないことから，適切とはいえない。

問2．正解は株主

解説 下線部(b)にある「株式を保有する出資者」のことを株主という。株主には本文で述べられているような優待制度を受ける権利のほか，配当金を受け取ったり，株主総会で議決権を行使したりするなどの権利がある。なお，株式会社ではない持分会社においては，会社に出資した者は「社員」という。

> **Point** 私たちが日常使う「社員」という言葉の意味は，その企業に勤務する「従業員」の立場を指していることが多い。出資者としての「社員」との違いに注意しよう。

問3．正解はア

解説 企業は業績に応じて株主に配当金を分配するため，業績がよく，購入を希望する人が多くなった株式の価格は高くなる。また，その逆のことも起こりうる。このような需要と供給の関係にもとづき，株式の売買は成立するが，そのときの価格を「約定代金」という。よってアが適切なものとなる。なお，イの「付加価値」とは，製品やサービスに流通の段階で新たに追加される価値のことをいう。ウの「機会費用」とは，トレード・オフによってあきらめなければならない価値のことをいう。よって，いずれも適切とはいえない。

13 出題テーマ 売買契約の締結と履行

問1．正解はア

解説 売買契約の締結と履行に関する書類には，以下のものがある。

見積依頼書	契約に先立って，販売価格などの取引条件を問い合わせるための書類。買い手が作成。
見積書	見積依頼に対して，取引条件の回答を行うための書類。売り手が作成。
注文書	見積書の内容を検討した結果，注文することを決めた際に，その意思を売り手に確実に伝えるための書類。買い手が作成。
注文請書	注文を請け負ったことを買い手に伝えるための書類。売り手が作成。これを買い手に送付することで売買契約が成立する。
納品書	買い手に対して商品の発送と同時に送付する，商品の明細を記載した書類。売り手が作成。
物品受領書	到着した商品の品質と数量が注文通りであるか，破損や汚損がないかを点検（検収）し，問題がない場合に売り手に送付する書類。買い手が作成。
請求書	商品の発送に問題がないことが確認された後，買い手に商品代金の支払いを求めるための書類。売り手が作成。
領収証	商品代金の入金を確認した後，買い手に対して代金を受け取ったことを伝えるための書類。売り手が作成。

本文では，下線部(a)の「見積依頼書」の説明について問われているため，アが適切なものとなる。なお，イは物品受領書についての説明，ウは請求書についての説明といえる。

問2．正解はイ

解説 ここでの消費税額を求めるためには，まず見積金額（税抜）の合計を求める必要がある。セール用チラシが$15,000 \times 10 = 150,000$，デザイン料が$1 \times 50,000 = 50,000$なので，税抜合計金額は$150,000 + 50,000 = 200,000$となる。税率が10%という記載があるため，消費税額は$200,000 \times 10\% = 20,000$となる。よってイが正しい。

問3．正解は注文書

解説 下線部(b)には，「購入することを売り手に伝える書類」とある。これは，問1の解説の表からみると，注文書のことを指していることがわかる。なお，問題文にも記載されている通り，注文は，送られてきた見積書の内容を比較・検討し行われるものである。そのため，注文書の条件は，見積書の条件と同じものでなければならない。

問4．正解はイ

解説 問1の解説の表からわかるように，領収証とは，代金を受領した証拠として，売り手から買い手に送られるものである。問題文から読み取ると，〔I〕の11月11日の記載に，「名護印刷より承諾したことを伝える書類を受け取った」とあるので，この取引は，サウンド琉球と名護印刷の間で行われていることがわかる。よって，売り手は名

護印刷，買い手はサウンド琉球であることから，この領収証は，名護印刷が発行し，サウンド琉球に送ったものとなる。よって，①には株式会社サウンド琉球，②には株式会社名護印刷，と記載されることになる。よって，イが正しい。

> **Point** 「御中」は敬称であり，「様」と同様の意味を持つ。また，書類を送付する際には，作成者は押印することが多く行われている。よって，御中がつく側は書類の送り先であり，印がある側が書類の送り主である。

問5．正解はウ

■解説▶ 下線部(c)は「検収」とよばれる作業である。よってウが正しい。検収は，買い手の手元に残してある注文書の控えと，売り手から届いた商品および納品書を照合して行われる作業である。

問6．正解は200円

■解説▶ 領収証を発行する際には，印紙税法に従って，領収証の金額に応じた収入印紙を貼付し，消印する必要がある。この問題では，領収証の金額は220,000円であり，これを資料の印紙税額表から調べると，「記載された受取金額が100万円以下のもの」の行に当てはまる。よって，200円が正しい金額となる。